Erwin Graf

Säugetiere

Stundenkonzeptionen mit Tafelbildern und Arbeitsblättern für den Biologieunterricht

5./6. Klasse

Kopiervorlagen mit Lösungen

Bildnachweis:

Cover: Linda Dahrmann/pixelio.de: Wal, Eric Salumae: Katze, Frank Hollenbach/pixelio.de: Igel, Gerlinde Rüdiger: Rinder. S. 11 Uta Th/pixelio.de: Katze, Joujou/pixelio.de: Krokodil, H. Schröder/pixelio.de: Delfin, Jürgen Hüsmert/pixelio.de: Affe. S. 12 Angelika Wolter/pixelio.de: Vogel, *Clam*/pixelio.de: Rind, Christiaaane/pixelio.de: Seelöwe, Heiko Hausmann/pixelio.de: Wolf. S. 13 Betty/pixelio.de: Schlange, gabrielePlanthaber/pixelio.de: Hase, Kurt Nebehaj/pixelio.de: Panda, Jochen/pixelio.de: Pinguine. S. 14 Kurt Brander/pixelio.de: Frosch, nimjenka/pixelio.de: Kängurus, Ruth Rudolph/pixelio.de: Hund, Markus Hein/pixelio.de: Hai. S. 19 oben, S. 21 A.S./pixelio.de. S. 19 unten borntaler/pixelio.de. S. 28 Alfred Krawietz/pixelio.de. S. 29 Ruth Rudolph/pixelio.de. S. 40 oben, S. 41 Norbert Aujoulat/www.lascaux.culture.fr. S. 40 unten siepmannH/pixelio.de. S. 42 oben Yelkrokoyarde/Centre Régional de Documentation Pédagogique de l'académie de Strasbourg, unten Sebastian Staendecke, ideas-ahead.de/pixelio.de. S. 44 links knipser5/pixelio.de, rechts Birgit Lieske/pixelio.de.

Gedruckt auf umweltbewusst gefertigtem, chlorfrei gebleichtem
und alterungsbeständigem Papier.

2. Auflage 2021

Illustrationen: Inka Grebner
Layout/Satz: PrePress-Salumae.com, Kaisheim

ISBN 978-3-95660-**436**-2

www.brigg-verlag.de

Inhalt

Der Maulwurf

Der Igel

Der Blauwal und andere Wale

Vorbemerkungen

> Es ist nicht genug zu wissen,
> man muss es auch anwenden;
> es ist nicht genug zu wollen,
> man muss es auch tun.
>
> Johann Wolfgang von GOETHE

Nicht erst seit Beginn der UN-Dekade „Bildung für nachhaltige Entwicklungen“ (BNE) im Jahre 2005 ist der nachhaltig wirksame Unterricht im Gespräch – und in der Diskussion. Für den schulischen Unterricht wird eine neue Lernkultur und -tradition gefordert; unterrichtliches Wissen soll aus dieser Perspektive zu einem anschlussfähig sein, zum anderen soll es die jungen Menschen auch befähigen, unabhängig und fernab von Unterricht eigenverantwortlich und selbstbestimmt zu handeln, wobei die ethische Verantwortung des Individuums nicht verhandelbar ist.
„Der Begriff ‚Bildung für nachhaltige Entwicklung‘ bedeutet Bildung, die Menschen dazu befähigt, globale Probleme vorherzusehen, sich ihnen zu stellen und sie zu lösen. Er bezeichnet darüber hinaus eine Bildung, die Werte und Prinzipien fördert, die Basis für eine nachhaltige Entwicklung sind. Letztendlich meint er auch eine Bildung, die die Komplexität und die gegenseitige Abhängigkeit von drei Dimensionen hervorhebt: Umwelt, Gesellschaft und Wirtschaft“ (UNESCO Deutschland, 2005).
Demnach dürfen im Schulunterricht, gerade auch im Fach Biologie, nicht nur kurzfristige Zielsetzungen verfolgt werden, sondern auch langfristige, die über den Unterricht hinaus reichen: Es geht in unseren Schulen bildhaft gesprochen kurzfristig zwar um das Pflanzen von Getreide, um ein Jahr zu überleben; aber langfristig geht es, beim Denken in einer Zeitspanne von 100 Jahren, um das Pflanzen eines Waldes, der bekanntlich erst nach mehreren Jahrzehnten seinen Ertrag bringt. Zur Erhaltung der Vielfalt und Vielgestaltigkeit unserer Natur (Stichwort Biodiversität) sowie unserer Kultur – nicht allein unserer mitteleuropäischen – ist langfristiges Denken und engagiertes Handeln des Individuums in einer demokratischen Gesellschaft angesagt: Bildung von jungen Menschen, die um die Bedeutung von nachhaltigen Entwicklungen wissen und für diese engagiert eintreten.
Es geht um das notwendige Investieren in die Zukunft, d. h. in unsere Jugend, die unsere Kultur weitertragen und weiterentwickeln soll, was sinnvollerweise nur in ethischer Verantwortung gelingen kann. Für die Arbeit in der Schule geht es deshalb nicht primär um unseren Biologieunterricht oder den Unterricht in einem anderen Fach, sondern vielmehr um das Unterrichten von jungen Menschen, um ihre Begleitung, Förderung und Weiterentwicklung. Unsere Unterrichtsfächer, Inhalte und Methoden sind dabei nicht schon Selbstzweck, sondern stets nur Mittel zum Zweck.
Einfach „auf offenen Unterricht zu machen“ oder „Freiarbeit endlich auch in der Sekundarstufe I einzuführen“ reicht für einen erfolgreichen Biologieunterricht nicht aus; dies belegen zahlreiche empirische Studien der letzten 20 Jahre überaus eindrücklich. Es kommt vielmehr darauf an, dass motivierte Lehrer mit Sach- und Fachkompetenz, vor allem aber auch mit Interesse an den jungen Menschen und deren Bedürfnissen, Ängsten und Hoffnungen an den Schulen aktiv sind, die Jugendlichen durch ihre eigene Begeisterung motivieren und ihnen aufgrund ihrer Diagnose- und Beurteilungskompetenz konstruktive Rückmeldungen geben. Nur so können die Lernenden Interesse an unterrichtlichen Lerngegenständen entwickeln, ihren Kompetenzzuwachs erleben, erkennen und sich an ihm auch freuen.

Die Einführung und Festschreibung von „Bildungsstandards“ und „Selbst- sowie Fremdevaluation“ reicht nicht aus, um die Schule zu verändern – die Veränderung von Unterricht und Schule mit dem Ziel der Kompetenzorientierung kann nur gelingen, wenn unsere humanistischen Einstellungen und ökoethischen Haltungen auch von uns gelebt und in der Schule glaubhaft umgesetzt werden. Mit Schlagworten wie „kompetenzorientierter Unterricht“, „vom Input zum Output in der Schule“ und „Paradigmenwechsel in der Schule“ allein greift alle Mühe zu kurz, wenn damit keine Veränderung der Unterrichtskultur hin zu einem Mehr an Schüler- und Kompetenzorientierung verbunden ist. Vielmehr kommt es primär auf ein Umdenken an, was Schule und Unterricht angeht: Ziele, Inhalte, Methoden und Medien sind zwar sehr wichtig, wenn Unterricht geplant wird; entscheidend ist jedoch die Sichtweise von uns Lehrern: Nicht Fächer, sondern junge Menschen sollen wir unterrichten, und zwar im Sinne von beraten, begleiten, anregen, führen, fordern und so auch fördern – nicht mehr, aber auch nicht weniger.

Was wissen wir aus der empirischen Forschung über guten Unterricht?

> Die Menschen stärken
> die Sachen klären.
>
> Hartmut von HENTIG

In den vergangenen zwei Jahrzehnten sind zahlreiche empirische Untersuchungen über guten Unterricht und gute Schulen durchgeführt worden. Die wichtigsten Ergebnisse sind im Folgenden kurz dargestellt.

Guter Unterricht – und dies gilt auch für Biologieunterricht – zeichnet sich in Anlehnung an Hilbert Meyer (2004) insbesondere durch folgende Merkmale aus:

- Klare, konsequente Gliederung der Unterrichtsstunde in Abschnitte bzw. Phasen (z. B. nach dem klassischen Artikulationsmodell des problemorientierten Unterrichts), die auch von den Lernenden nachvollzogen werden können
- Hoher Anteil echter Lernzeit der Schüler, d. h. Störungen im Lehr-Lern-Prozess sollten bereits im Vorfeld minimiert werden
- Lernförderliches Klassenklima mit hoher Wertschätzung der Lernenden und ihrer Leistungen, die der Lehrer auch explizit wahrnimmt und anerkennt
- Inhaltliche Klarheit mit konkreten Zielangaben durch die Lehrenden
- Sinnstiftende Kommunikation, d.h. die Kommunikation im Unterricht muss den Lernenden helfen, das zu Lernende bzw. Gelernte als hilfreich für das eigene Leben zu sehen
- Individuelle Rückmeldungen an die und Förderung der Lernenden, sodass diese ihre Kompetenzen einschätzen lernen und gezielt verbessern können (Was kann ich gut/Wo liegen meine Stärken? Was kann ich noch nicht so gut? Was muss ich anders/besser machen?)
- Schüler- und sachadäquate Methoden- und Medienwahl
- Sinnvolles Wiederholen, intelligentes Üben und konsequentes Anwenden des Gelernten sowie Transfer der Erkenntnisse auf andere Gebiete
- Transparente Lern- und Leistungserwartungen durch die Lehrperson, d. h. die Schüler sollen wissen, was von ihnen erwartet wird und was nicht
- Eine gut arrangierte Lernumgebung mit ästhetisch und kognitiv-emotional ansprechenden Materialien, die die sachbezogene Motivation fördern

In den empirischen Untersuchungen der letzten 20 Jahre ist auch deutlich geworden, dass es *die Methode, den Unterrichtsstil, die Sozial- und Arbeitsform* oder gar *den erfolgreichen Lehrer* per se nicht gibt. Vielmehr kommt es für eine „gute Schule" mit guten Lernergebnissen und deutlichen Kompetenzzuwächsen bei den Lernenden auf die folgenden Faktoren an:

- Methoden- und Medienvielfalt kann den Lernerfolg im Unterricht erhöhen oder senken – je nachdem, mit welcher Intention und in welchem Kontext die Methoden und Medien eingesetzt werden; Methoden sollten gezielt eingeführt und sach- und schüleradäquat an unterschiedlichen Themen eingeübt werden.
- Guter Unterricht bei verschiedenen Lehrern gestaltet sich ganz unterschiedlich, d.h. es führen viele Wege nach Rom. Wichtig dabei ist, dass die Lehrer ihr als erfolgreich erachtetes Lehr-Lern-Konzept glaubhaft vertreten und im Unterricht konsequent und engagiert umsetzen.
- Entscheidend ist nicht die Methode im Unterricht (z. B. Gruppenpuzzle, Lernen an Stationen), sondern was die Lehrer aus der Methode machen.
- Gruppenarbeit/-unterricht und Jigsaw-Methode sind erfolgreiche Sozial- und Arbeitsformen, aber nicht bei jedem Thema, nicht an jedem didaktischen Ort und nicht in jeder Lerngruppe erfolgversprechend.
- Alle Lernformen, die kooperatives Lernen fördern, sind mehr oder weniger erfolgreich – im Gegensatz zu Lehr-Lern-Formen, die ein lernendes Individuum vereinsamen lassen.
- Lern-, Vergewisserungs- und Leistungsphasen sind im Unterricht klar zu unterscheiden, d. h. die Lernenden müssen wissen und auch das Gefühl haben, dass sie in Lernphasen Fehler machen dürfen; in Vergewisserungsphasen sollten die Schüler ihre Lernergebnisse und ihren Lernerfolg (möglichst selbst) kontrollieren können, bevor in Leistungsphasen die Lernergebnisse gemessen und bewertet werden.
- Direkte Instruktion (Lehrerinput, Lehrervortrag, gestellte Aufgaben etc.) und offene Unterrichtsphasen (Freiarbeit, Partner- und Gruppenarbeit, Lernen an Stationen etc.) müssen sich ergänzen, d. h. es geht nicht um die Polarisierung „Frontalunterricht oder Freiarbeit" bzw. „Lehrerzentrierung oder Schülerorientierung", sondern darum, wie etwa eine vom Lehrer vorgegebene inhaltlich-thematische Struktur durch offene Lehr-Lern-Formen verfeinert und vernetzt werden kann.
- Vernetztes, anschlussfähiges, nachhaltig wirksames Wissen und Können bei den Jugendlichen entsteht am ehesten dann, wenn die Lehrperso-

nen über ein umfangreiches Fachwissen sowie über hohe fachdidaktische Vermittlungskompetenz verfügen und nicht nur am Kompetenzzuwachs der Lernenden interessiert sind, sondern auch an den jungen Menschen selbst (s. o.).

Die didaktische Richtung „Lernen im Kontext" erhält auf diese Weise eine ganz akzentuierte Bedeutung, wobei stets einem sozial-emotional-intellektuell anspruchsvollen Unterricht und einem angemessenen „Lernen vor Ort" Rechnung getragen wird, damit ein positives Lern- und Schulklima entstehen und wachsen kann.

Anregungen und Vorschläge für die Lehrperson zum Umgang mit den vorgestellten Unterrichtsentwürfen und -materialien

Mit dem hier vorliegenden Band wird insbesondere das Ziel verfolgt, Lehramtsstudierenden mit dem Studienfach Biologie, Biologiereferendaren und Junglehrern (auch wenn fachfremd unterrichtet wird) Anregungen und Hilfen zu geben, wie motivationskräftige, lernförderliche Unterrichtskonzeptionen innerhalb eines schüler- und fachgerechten Biologieunterrichts eingesetzt werden können. Die vorgestellten Stundenkonzeptionen sind modellhaft zu verstehen; sie sollten nicht immer 1 : 1 übernommen, sondern vielmehr an die jeweilige Unterrichtssituation und auf die Lerngruppe (Interessen, Leistungsbereitschaft, Leistungsfähigkeit, Vorwissen, Lerntempo) zugeschnitten werden.
Die vorgestellten Unterrichtskonzeptionen sind aus der Unterrichtspraxis heraus entstanden und können deshalb als Grundlage für den eigenen Unterricht herangezogen werden; Arbeitsblätter mit Lösungen für Arbeitsblätter erleichtern die Vorbereitungsarbeit des Lehrers.

In der Regel umfasst jede Stundenkonzeption (für eine Einzel- oder Doppelstunde) die Schwerpunktsetzungen, die Stundengliederung sowie weitere Materialien wie Tafelbilder, Arbeitsblätter (mit Lösungen), Folienvorlagen oder Aufgabenkarten.
Einem Tafelbild (mit Skizzen, Textelementen, Applikationen etc.) bzw. der Arbeit mit/an der Tafel (ganz gleich ob Kreidetafel oder Whiteboard) ist immer dann vor anderen Medien der Vorzug einzuräumen, wenn dadurch die gesteckten Ziele mit geringerem Aufwand und/oder besser erreicht werden können. Das bedeutet nun aber nicht, dass der Einsatz der Tafel den Einsatz anderer Medien ausschließt – im Gegenteil: Der Verfasser plädiert für eine Kooperation der Medien.

Literatur

BÖNSCH, M.: Was ist guter Unterricht? Oder besser: Wie kann man Lernen erfolgreich initiieren? In: Realschule in Deutschland, 3/2010, S. 14 ff.
GRAF, E. (Hrsg.): Biologiedidaktik für Studium und Unterrichtspraxis. Donauwörth 2004
GROPENGIESSER, H., KATTMANN, U. (Hrsg.): Fachdidaktik Biologie. Köln 2006
DE HAAN, G. u. a.: Nachhaltigkeit und Gerechtigkeit. Grundlagen und schulpraktische Konsequenzen. Berlin 2008
DE HAAN, G.: Bildung für nachhaltige Entwicklung: Ein neues Lern- und Handlungsfeld. In: Lernende Schule 50/2010, S. 6 ff.
KILLERMANN, W., HIERING, P., STAROSTA, B.: Biologieunterricht heute. Eine moderne Fachdidaktik. Donauwörth 2009
MEYER, H.: Was ist guter Unterricht? Berlin 2004
MITTELSTRASS, J.: Leonardo-Welt. Über Wissen, Forschung und Verantwortung. Frankfurt 1992
SPÖRHASE-EICHMANN, U., RUPPERT, W. (Hrsg.): Biologie-Didaktik. Praxishandbuch für die Sekundarstufe I und II. Berlin 2004
STRIPF, R. (Hrsg.): Methoden Handbuch Biologie. Band 1 und 2. Köln 2006
ZIEGLER, A.: Aufmerksamkeitsfokus. In: Realschule in Deutschland, 3/2010, S. 21 ff.

Merkmale der Säugetiere

Basisinformationen

Die Säugetiere bilden eine Klasse innerhalb des Unterstamms der Wirbeltiere und gehören somit zum Stamm der **Chordatiere (Chordata)**. Chordatiere zeichnen sich insbesondere durch folgende Merkmale aus:
- Kiemenspalten bzw. Kiemendarm
- dorsales Neuralrohr
- ventrales Herz
- postanaler Schwanz
- flexibles dorsales Achsenskelett, die *Chorda dorsalis*

Innerhalb des Stamms der Chordatiere werden drei Unterstämme unterschieden:
- Manteltiere (Urochordata), ausschließlich Meeresbewohner wie Seescheiden und Salpen
- Schädellose (Cephalochordata oder Acrania), ausschließlich kleine, selten mehr als 5 cm lange fischähnliche Tiere ohne deutlichen Kopf und ohne Brust- oder Bauchflossen (am bekanntesten: das Lanzettfischchen)
- **Wirbeltiere (Vertebrata)**

Nach derzeitigem Stand der Forschung (2012) entwickelten sich die **Wirbeltiere** vor etwa 550 Millionen Jahren aus im Brackwasser lebenden Vorfahren. Die *Chorda dorsalis* als primäre Stützstruktur wurde hier durch eine gelenkige, dorsal gelegene Wirbelsäule ersetzt. Charakteristisch für die Wirbeltiere sind folgende Merkmale:
- starres Innenskelett (Endoskelett)
- zwei Extremitätenpaare, die an der Wirbelsäule sitzen
- Schädel mit großem Gehirn
- ventrales Herz mit leistungsfähigem Blut-Kreislauf-System
- mehrschichtige Haut (Epidermis) mit Intermediärfilamenten, die aus dem Protein Keratin bestehen

Didaktisch vereinfacht lassen sich bei den Wirbeltieren folgende Klassen unterscheiden[1]:
- Fische (Knochen- und Knorpelfische)

sowie die unter dem Namen Landwirbeltiere (Tetrapoda) zusammengefassten Klassen
- Amphibien (Amphibia)
- Reptilien (Reptilia)
- Vögel (Aves)
- **Säugetiere (Mammalia)**

Vor etwa 225 Jahrmillionen tauchten die ersten **Säugetiere** auf. Über einen Zeitraum von etwa 150 Millionen Jahren lebten diese eher kleinen Säugetiere zusammen mit Dinosauriern und weiteren großen Reptilien in Koexistenz. Mit dem Massenaussterben der Dinosaurier sowie zahlreicher weiterer Tiergruppen am Ende des Mesozoikums vor ca. 65 Millionen Jahren nahmen die Anzahl, Diversität und Körpergröße der Säugetiere stark zu. Heute kennen wir Säugetiere wie Fledermäuse und Spitzmäuse, die kaum zwei Gramm wiegen, daneben aber auch große Säugetiere wie der heute stark vom Aussterben bedrohte Blauwal, der mit einer Länge von bis zu 33 Metern und einer Masse von bis zu 160 Tonnen das größte Tier ist, das jemals auf der Erde gelebt hat.
Säugetiere haben u. a. folgende Merkmale:
- Junge werden lebend geboren (Ausnahme Schnabeltier)
- Milchdrüsen: Die Jungen werden von der Mutter mit nährstoffreicher Muttermilch versorgt („gesäugt")
- schützendes und isolierendes Haarkleid (stark reduziert bei Walen und Menschen)
- Schweißdrüsen
- vierkammeriges Herz
- Lungenatmung

Die Klasse der Säugetiere ist sehr erfolgreich: Rezent leben auf der Erde etwa 5000 Säugetierarten. Sie besiedeln alle Lebensräume und Kontinente – von den Polen bis zum Äquator.

Didaktische Hinweise

Die Lernenden in den ersten Klassen der Sekundarstufe I haben in der Regel ein emotional enges Verhältnis zu Säugetieren: Viele von ihnen haben selbst oder in ihrer Nachbarschaft ein Säugetier als Haustier oder sie kennen Säugetiere zumindest aus dem Zoo. Neben der Gegenwartsbedeutung spielt (in Anlehnung an die kritisch-konstruktive Didaktik von Wolfgang Klafki) auch die Zukunftsbedeutung bei dieser Thematik eine große Rolle – ob hinsichtlich des Unterrichts (etwa bei der Einteilung der Wirbeltiere in einzelne Wirbeltierklassen oder beim Thema

1 Gruppen wie Schleimaale/Inger oder Neunaugen spielen im Biologieunterricht der Sekundarstufe I i. d. R. keine Rolle und sollen an dieser Stelle deshalb unberücksichtigt bleiben.

Evolution, um nur zwei Beispiele zu nennen) oder außerhalb des Unterrichts, wenn es beispielsweise darum geht, welches Haustier für einen Haushalt das richtige ist, oder wenn in einer Fernsehsendung Säugetiere vorgestellt werden. Für die eigene Kompetenzentwicklung der Lernenden ist das Thema Säugetiere sehr wichtig, zählt doch auch der Mensch aus biologischer Sicht zu den Säugern.

Die hier vorgestellte Unterrichtsstunde kann durchaus als Einstieg in das Thema „Säugetiere“ verwendet werden, jedoch ist dies nicht zwingend. Sie könnte ebenso gut den Abschluss der Unterrichtseinheit bilden, in dem die Merkmale der Säugetiere nochmals zusammengefasst und bewusst gemacht werden sowie das erworbene Wissen zur Anwendung kommt.

Unterrichtsverlauf

Zeitrahmen: Einzelstunde, 45 Minuten

Medien/Material: Bilder von ca. 16 Tieren, auf Folie gezogen und entlang der Trennlinien ausgeschnitten, zur Präsentation per Overheadprojektor oder als Bildkarten zum Anpinnen an die Tafel (s. Bildvorlagen S. 11–14); Bücher (Tierbücher, Lexika, Biologiebücher) und Internet; Arbeitsblatt „Merkmale der Säugetiere“ (s. S. 15)

Schwerpunkte der Unterrichtsstunde: Die Lernenden erarbeiten sich Merkmale der Säugetiere. Sie können mindestens vier Gruppenmerkmale der Säugetiere aufzählen und erklären, ob ein bestimmtes Tier, dessen Steckbrief mit Merkmalen bekannt ist, zu den Säugetieren zählt oder nicht.

1. **Einstieg/Problemstellung:** Als nonverbaler Impuls werden Bilder von ca. 16 Tieren präsentiert. Dabei handelt es sich teils um Säugetiere, teils nicht. Frage: Welche Tiere passen nicht in die Gruppe der Säugetiere? Im Klassengespräch formulieren die Schüler ihre Vermutungen. Diese werden an der Tafel festgehalten.

2. **Problemlösung:** In Partnerarbeit beschäftigen sich die Schüler mit einem Tier ihrer Wahl (Zeitvorgabe: 10 min). Mithilfe des Biologiebuchs, anderer Bücher und Lexika bzw. des Internets sollen sie herausfinden, anhand welcher Merkmale Säugetiere zu erkennen sind und ob das betreffende Tier zu den Säugetieren gehört oder nicht. Anschließend stellen die Schülerpaare ihr Tier kurz vor und beantworten die Frage.

3. **Ergebnissicherung:** Säugetiere, die von Schülern vorgestellt wurden, sowie evtl. auch weitere typische Säugetiere (ggf. mit Bildern veranschaulicht) werden an der Tafel festgehalten (Unterrichtsgespräch mit Tafelbild). Die Merkmale der Säugetiere werden ebenfalls im Tafelbild aufgenommen. Für die anderen Klassen der Wirbeltiere (vereinfacht: Fische, Amphibien, Reptilien, Vögel) werden weitere Felder zwar angedeutet, jedoch noch nicht inhaltlich gefüllt – es sei denn, es ist sehr viel strukturiertes Vorwissen bei den Lernenden vorhanden; in dem Fall können diese vier Wirbeltierklassen im Sinne von Ankerbegriffen festgehalten und an späterer Stelle im nachfolgenden Unterricht hinsichtlich ihrer Merkmale thematisiert und vertieft werden.

***Tafelbild* (Beispiel)**
(Die Zahlen geben die Reihenfolge an, in der die jeweiligen Textelemente ergänzt werden.)

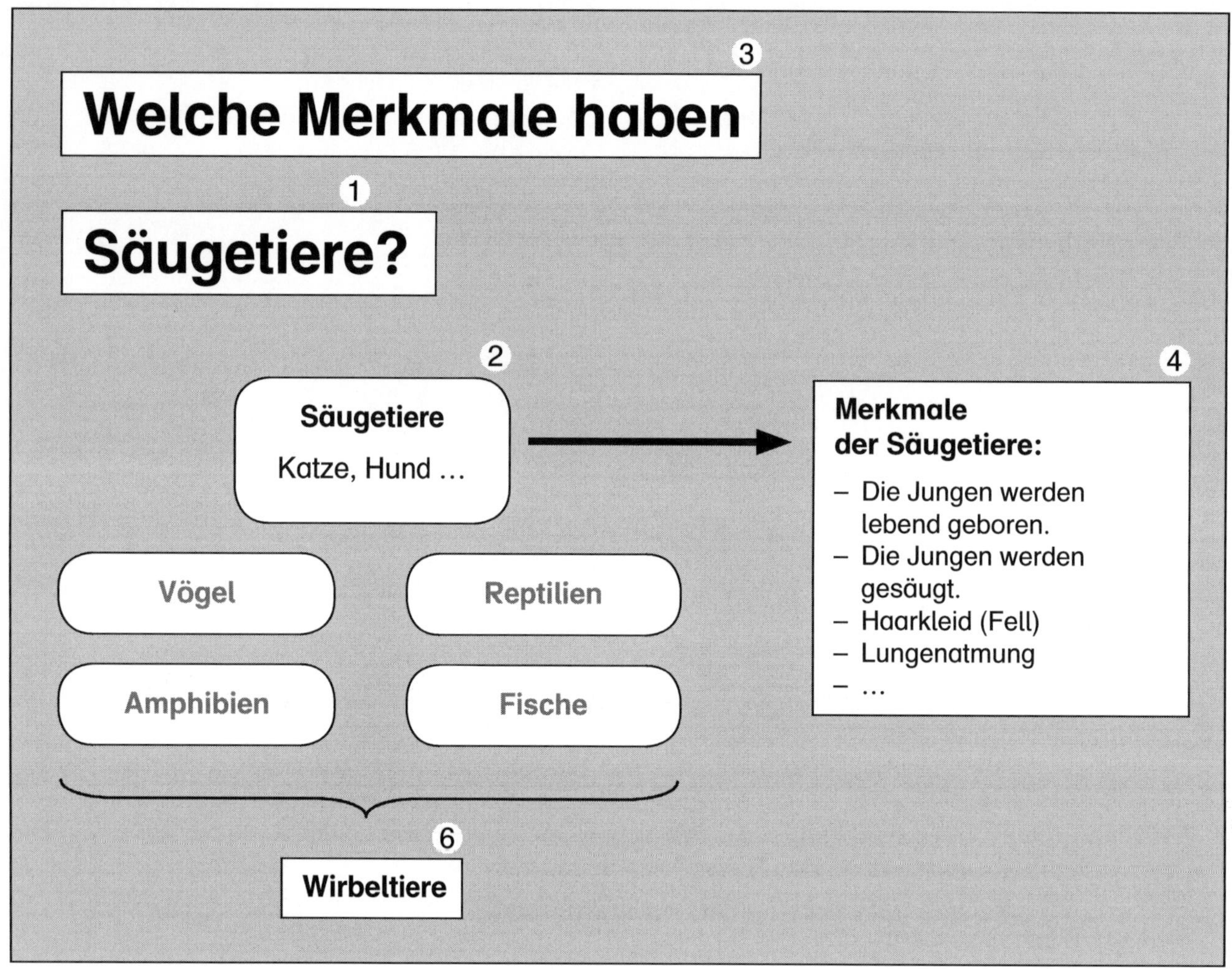

4. **Anwendung:** Partnerinterview zur Stundenthematik, ggf. mit Rollenwechsel. Partner 1: Biologie-/Säugetierexperte; Partner 2: interessierte Person.

5. **Festigung/Transfer:** Das Arbeitsblatt „Merkmale der Säugetiere" ist von allen Schülern als Hausaufgabe zu bearbeiten und dient zur Festigung des Gelernten.
   Weitere mögliche Hausaufgaben:
   a) Jeder Schüler sucht sich ein Säugetier aus und charakterisiert dieses bis zur kommenden Biologiestunde.
   b) Aufgabe: Ist ein Wal (oder: ein Känguru/ein Pinguin/...) auch ein Säugetier, ja oder nein? Schreibe einen kurzen Steckbrief und beantworte die Frage. Begründe deine Antwort.

Lösungen zu den Aufgaben:
- Bildkarten
  Säugetiere: Katze, Delfin, Affe, Rind, Seelöwe, Wolf, Hase, Panda, Känguru, Hund
- Arbeitsblatt „Merkmale der Säugetiere"

Lösungswort: Schnabeltier. Das Schnabeltier ist ein Eier legendes Säugetier. Es gehört zur Ordnung der Kloakentiere und lebt in Australien.

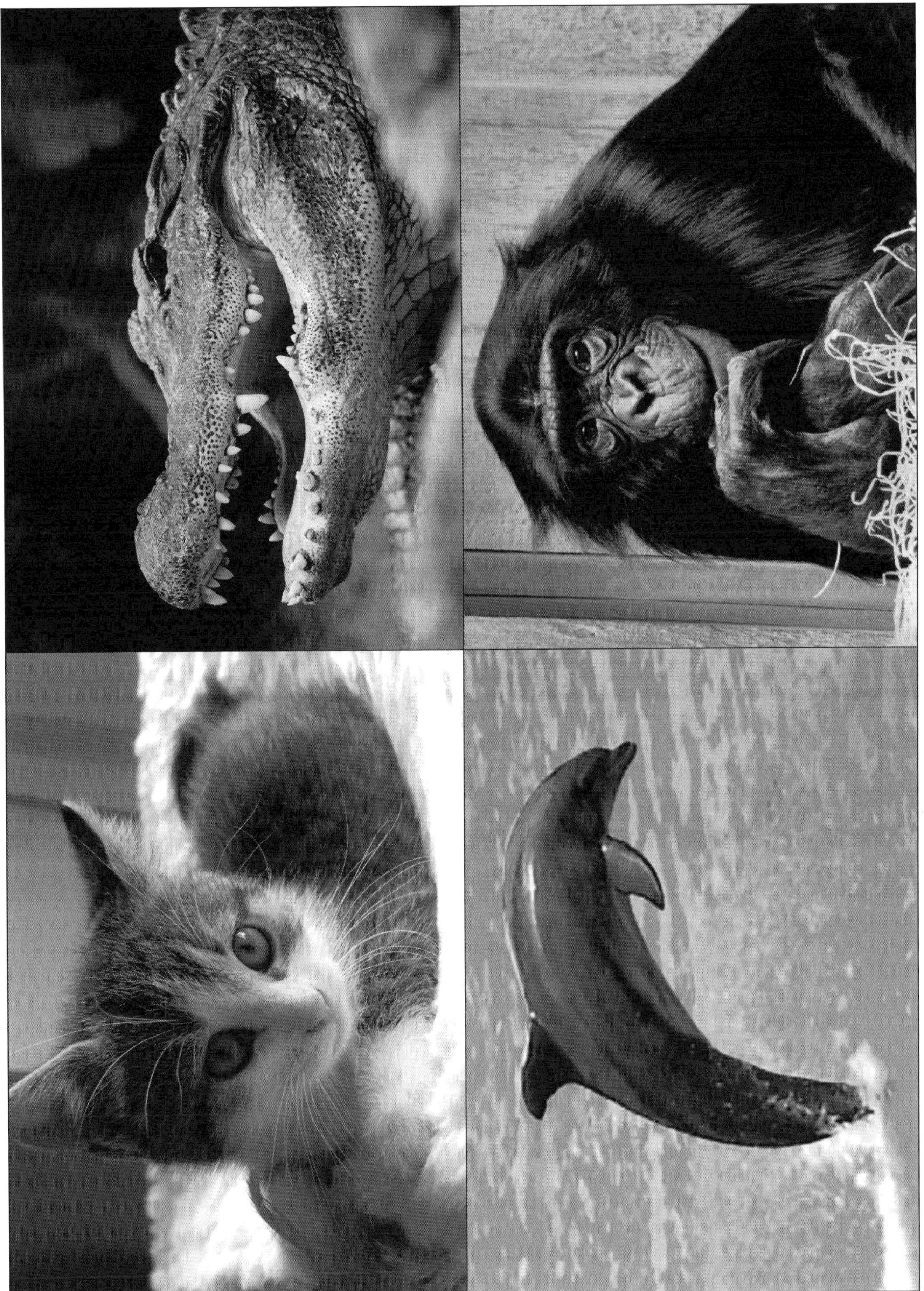

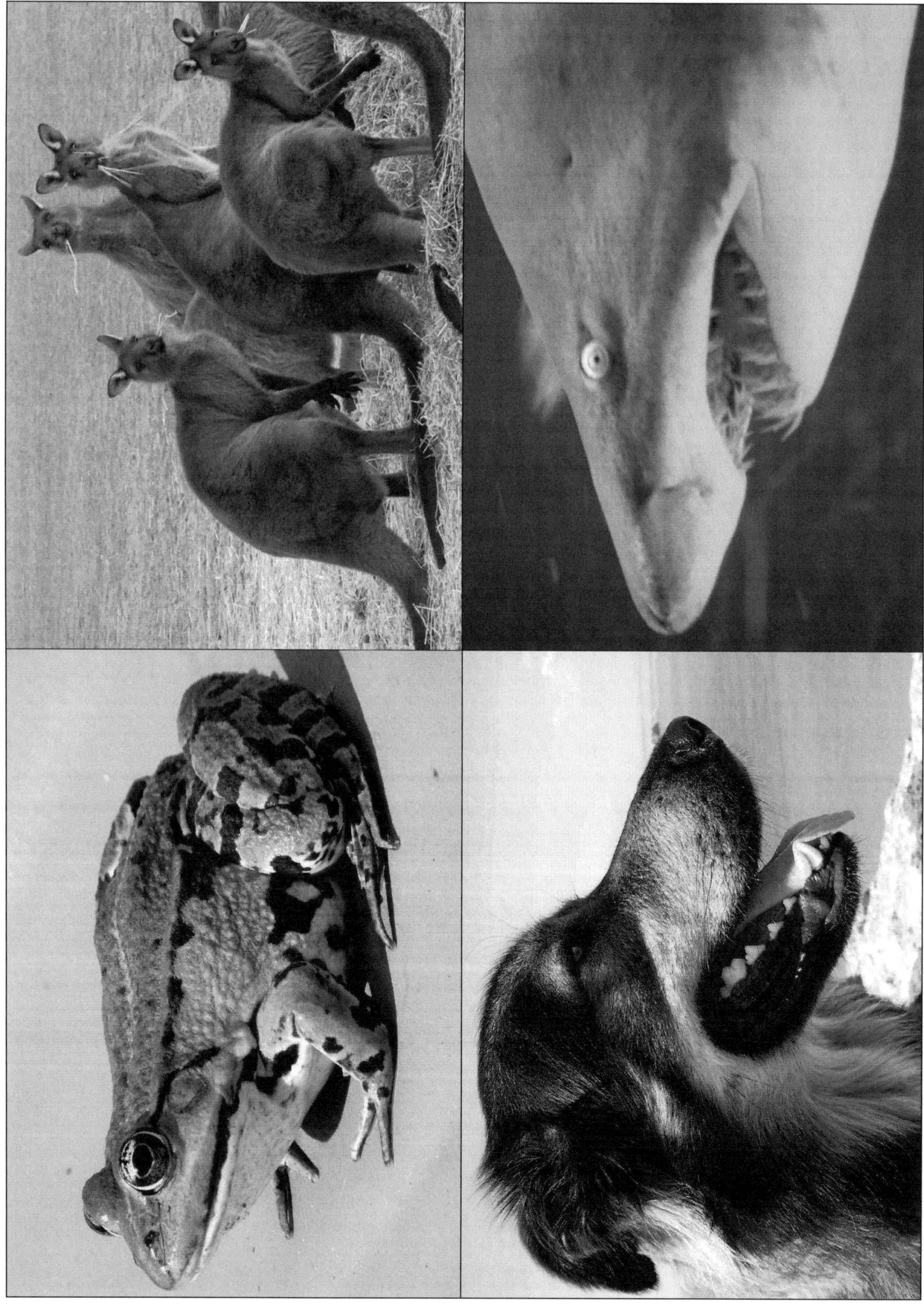

Merkmale der Säugetiere: Bildvorlagen (4)

AB	Name:	Datum:	Merkmale der Säugetiere

Merkmale der Säugetiere

Aufgaben:

1. Was ist richtig, was ist falsch? Lies die folgenden Aussagen genau durch. Kreise dann den Buchstaben in der entsprechenden Spalte ein.

Die eingekreisten Buchstaben ergeben von oben nach unten gelesen den Namen eines ganz besonderen Säugetiers:

_ _ _ _ _ _ _ _ _ _ _ _

	RICHTIG	FALSCH
Fuchs, Dachs, Reh, Hirsch und Wildschwein sind einheimische Säugetiere.	S	F
Alle heute lebenden Säugetiere sind Landbewohner.	R	C
Die Katze ist ein Säugetier. Die Katzenmutter säugt ihre Jungen mehrere Wochen lang.	H	A
Der Mensch hat – im Vergleich zur Katze – wenig Haare und zählt deshalb nicht zu den Säugetieren.	T	N
Alle Säugetiere legen Eier, aus denen die Jungtiere schlüpfen.	I	A
Die nährstoffreiche Flüssigkeit, mit der die Jungen der Säugetiere ernährt werden, nennt man Muttermilch.	B	N
In Afrika, Australien und Amerika gibt es überhaupt keine Säugetiere.	S	E
Die meisten Säugetiere haben keine Haare auf der Körperoberfläche.	A	L
Auch Delfine sind Säugetiere und bringen lebende Junge zur Welt, die von der Mutter gesäugt werden.	T	E
Fledermäuse sind fliegende Säugetiere.	I	P
Wale sind Fische und keine Säugetiere, da sie Flossen haben und im Wasser leben.	T	E
Rinder sind wirtschaftlich gesehen für den Menschen besonders wichtige Säugetiere.	R	E

2. Finde heraus, was das Besondere an diesem Säugetier ist!

Die Hauskatze

Basisinformationen

Unsere Hauskatze stammt von einer afrikanischen Unterart der Wildkatze (*Felis silvestris*) ab, der Falbkatze oder Afrikanischen Wildkatze. Wild lebende Falbkatzen gibt es auch heute noch in weiten Teilen Afrikas. Bereits vor etwa 10 000 Jahren wurden Katzen in Ägypten verehrt und als Haustiere gehalten. Wie man aus alten Quellen weiß, beobachteten die Menschen, wie wilde Falbkatzen in die Getreidespeicher schlichen und nicht nur Mäuse, sondern auch Ratten fingen und fraßen. Daraufhin zähmten sie die Falbkatze, um ihre Getreidevorräte von Schädlingen zu schützen. Nach Mitteleuropa gelangten die ersten Hauskatzen wohl über die Römer, zu einer Ausbreitung kam es aber erst vor etwa 1 000 Jahren.

Die europäische Unterart der Wildkatze, die Europäische Wildkatze, hat einen Schwanz mit dunklen Farbringen, der dicker ist als der einer Hauskatze; ansonsten sind beide Katzen nur schwer zu unterscheiden. Durch Landwirtschaft, Verkehr und Zersiedlung der Landschaft, früher auch durch Jagd, wurden die Wildkatzenbestände Deutschlands in kleine Bereiche zurückgedrängt. Dank der Schutzmaßnahmen seit den 80er-Jahren kommt die Wildkatze inzwischen wieder in vielen heimischen Wäldern vor.

Die Hauskatze ist (wie auch die Wildkatze) ein Einzelgänger mit feinem Gehör und guten Augen. Hat sie ein Beutetier entdeckt, schleicht sie sich flach an den Boden gedrückt heran (Schleichjäger). Sie fängt die Beute mit einem gezielten Sprung und greift sie mit ihren Tatzen. Die spitzen Krallen sind hierbei ausgestreckt und gespreizt. Durch einen kräftigen Biss ins Genick tötet die Katze ihre Beute. Hat sie keinen großen Hunger, lässt sie die Beute gelegentlich wieder frei oder spielt mit ihr eine Zeit lang.

Didaktische Hinweise

So gut wie alle Schüler in der Orientierungsstufe kennen eine Hauskatze, viele von ihnen haben selbst eine zu Hause. Zudem wurde in aller Regel in der Grundschule das Thema „Haustiere“ und dabei eventuell auch die Hauskatze behandelt. Dennoch darf nicht davon ausgegangen werden, dass die für einen fundierten Biologieunterricht notwendigen Kenntnisse bei den Schülern vorhanden sind.

In manchen Fällen bietet es sich an, für die Unterrichtseinheit zum Thema Hauskatze eine „echte“ Hauskatze für eine gewisse Zeit einzubeziehen, um den Unterricht zu beleben. Das kann zum Beispiel die eigene Katze, die eines Schülers oder des Hausmeisters der Schule sein, der dann im Unterricht auch anwesend sein sollte. Wichtig ist dabei allerdings, dass das Tier zutraulich, geimpft und gesund ist. Außerdem muss die Klassensituation berücksichtigt werden (z. B. Tierhaarallergien einzelner Schüler).

Unterrichtsverlauf

Zeitrahmen: Einzelstunde, 45 Minuten

Medien/Material: Fotos „Hauskatze“ und „Hauskatze beim Jagen“ auf Folie gezogen zur Präsentation per Overheadprojektor oder zum Anpinnen an die Tafel (s. Bildvorlage S. 19); wenn verfügbar Unterrichtsfilm „Die Hauskatze“ (FWU, ca. 13 min), alternativ Bücher zum Thema bzw. Internet; Arbeitsblätter (s. S. 20/21)

Schwerpunkte der Unterrichtsstunde: Inhaltliche Schwerpunkte der Stunde sind das Jagdverhalten (Katze als Raubtier) und die Sinnesleistungen der Hauskatze. Die Lernenden erforschen in Kleingruppen die besonderen Strategien der Katze beim nächtlichen Jagen. Sie sollen in angemessener Fachsprache beschreiben können, wie Katzen jagen, wie sie ihre Beute töten und welche Sinnesorgane dabei von besonderer Bedeutung sind.

1. **Einstieg/Problemstellung:** Brainstorming zu dem kommentarlos gezeigten Bild einer Hauskatze (s. Bildvorlage S. 19 oben); Benennung des Stundenthemas „Hauskatze“, sammeln des Vorwissens und der Erfahrungen der Schüler mit dem Tier. Anschließend wird ein Bild von einer Hauskatze beim Jagen gezeigt (s. Bildvorlage S. 19 unten). Im Klassengespräch wird erarbeitet, was genau auf dem Bild zu sehen ist. Vielleicht ist bereits angesprochen worden, dass Katzen vorwiegend nachts aktiv sind bzw. jagen. Ansonsten sollte dies durch gelenktes Fragen an dieser Stelle erfolgen. An der Tafel wird die Frage notiert: Wie schafft es die Katze, auch nachts erfolgreich Mäuse zu jagen?

2. **Problemlösung:**
   a) Zunächst stellen die Schüler auf der Grundlage ihrer Vorkenntnisse Hypothesen auf.
   In Kleingruppen von 3–5 Schülern werden Ideen ausgetauscht („Murmelgruppen“). Anschließend werden die Ideen der einzelnen Gruppen an der Tafel gesammelt.
   b) Die Kleingruppen erhalten jeweils zwei der folgenden drei Aufgaben:
      - Aufgabe 1: Wie jagt die Katze? Beschreibe die verschiedenen Phasen der Jagd.
      - Aufgabe 2: Welche körperlichen Merkmale sind für das Jagdverhalten der Katze von besonderer Bedeutung? Zähle mindestens drei Merkmale auf.
      - Aufgabe 3: Wie werden die erbeuteten Tiere von der Katze getötet?

   In dem Unterrichtsfilm „Die Hauskatze“ wird unter anderem das Jagdverhalten der Hauskatze behandelt, sodass es sich sehr empfiehlt, ihn den Schülern an dieser Stelle zu zeigen. Steht der Film nicht zur Verfügung, können aber auch andere Medien (Bücher, Internet) zur Informationsbeschaffung zur Verfügung gestellt werden. Es erfolgt die Bearbeitung der Fragen in den Gruppen.

3. **Ergebnissicherung:** Nach der Filmbetrachtung (bzw. Recherche) beraten die Kleingruppen und formulieren ihre Lösungsvorschläge zu den Aufgaben. Anschließend tragen die Gruppen ihre Ergebnisse vor, die an der Tafel fixiert werden.

Tafelbild **(Beispiel)**
(Die Zahlen geben die Reihenfolge an, in der die jeweiligen Textelemente ergänzt werden.)

(1)

Wie schafft es die Katze, auch nachts erfolgreich zu jagen?

(2)

Unsere Vermutungen:

- gutes Gehör
- gute Augen
- stark ausgeprägter Geruchssinn
- ...

(3)

1. Wie jagt die Katze?

Phasen der Jagd: Erkennen der Beute → Anschleichen → Sprung → Packen der Beute → Töten der Beute

2. Für das Jagen besonders wichtige körperliche Merkmale:

- kräftige Hinterbeine (Sprungbeine)
- einziehbare, spitze Krallen (leise!)
- gutes Gehör, drehbare Ohrmuscheln
- gute Augen
- Raubtiergebiss
- Schnurrhaare
- dämmerungs- und nachtaktiv

3. Töten der Beutetiere:

Packen und Festhalten mit den spitzen Krallen → Biss in den Nacken

4. **Anwendung/Festigung:** Als Hausaufgabe erhalten die Schüler zwei Arbeitsblätter, von denen mindestens eines zu bearbeiten ist:
   a) Arbeitsblatt 1 „Beutefangverhalten der Hauskatze"
   b) Arbeitsblatt 2 „Besonderheiten im Körperbau der Hauskatze"

Lösungen zu den Aufgaben:

- Arbeitsblatt 1 „Beutefangverhalten der Hauskatze"
  Lösungswort: Schleichjäger
- Arbeitsblatt 2 „Besonderheiten im Körperbau der Hauskatze"
  Kräftige Hinterbeine: Sprungkraft beim Jagen; Schwanz: dient beim Springen als Steuer; Raubtiergebiss: zum Töten und Zerkleinern von Beutetieren geeignet; Augen/Pupillen: Pupillen weiten sich bei Dunkelheit sehr stark, sodass die Katze auch im Dunkeln gut sehen kann (außerdem kann mithilfe einer reflektierenden Schicht im hinteren Bereich des Auges einfallendes Licht „doppelt genutzt" werden); Schnurrhaare: dienen der Raumorientierung; weiche Pfoten mit spitzen, einziehbaren Krallen: leise Bewegung (Anschleichen), Festhalten von Beutetieren und Klettern mithilfe der spitzen Krallen möglich.

Hauskatze

Hauskatze beim Jagen

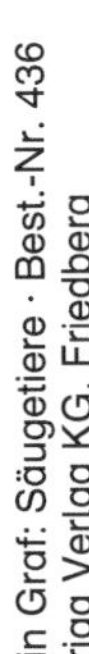

AB 1	Name:	Datum:	Die Hauskatze

Beutefangverhalten der Hauskatze

Katzen zählt man zu den Raubtieren. Sie zeigen ein typisches Beutefangverhalten, das du dir anhand der Abbildungen und Textbausteine auf dieser Seite veranschaulichen kannst.

Aufgabe:

a) Schneide die 6 Textkarten sowie die 6 Bildkarten zum Beutefangverhalten der Katze aus.
b) Ordne jedem Bild den richtigen Text zu.
c) Bringe die 6 Text-Bild-Paare in die richtige Reihenfolge. Bei richtiger Lösung ergeben die Buchstaben auf den Textkarten (T1–T6) und auf den Bildkarten (B1–B6) ein Lösungswort.

						C						
T1	T2	T3	T4	T5	T6		B1	B2	B3	B4	B5	B6

d) Klebe die Text-Bild-Paare in der richtigen Reihenfolge in dein Heft.

Aus einiger Entfernung entdeckt die Katze ein Beutetier. Sie nähert sich ganz vorsichtig. Der Schwanz ist leicht angehoben. **S**	Die Katze springt gezielt von oben auf das Beutetier. **E**	Die Katze duckt sich und streckt ihren Körper. In dieser Haltung bewegt sie sich langsam und vorsichtig in Richtung Beutetier. **C**
Nah am Beutetier angekommen, setzt die Katze zum Sprung an: Ihre Vorderbeine sind stark angewinkelt. **H**	Die Katze stößt sich mit den kräftigen Hinterbeinen ab und springt mit langgestrecktem Körper hoch. **L**	Mit den Krallen der Vorderbeine ergreift die Katze ihr Beutetier. Der Schwanz ist dabei lang nach oben gestreckt. **I**

R	**Ä**	**E**
J	**H**	**G**

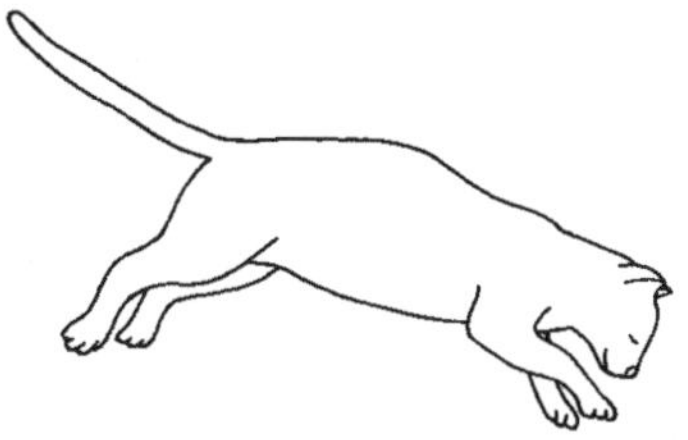

AB 2	Name:	Datum:	Die Hauskatze

Besonderheiten im Körperbau der Hauskatze

Die Katze ist ein Schleichjäger. In Anpassung an ihre Lebensweise zeigt sie in ihrem Körperbau eine Reihe typischer Merkmale.

Aufgabe:

Sieh dir die Abbildungen genau an. Trage dann die dargestellten Merkmale sowie deren Bedeutung für die Katze als Schleichjäger in die folgende Tabelle ein.

Merkmale der Katze	Bedeutung

Der Hund

Basisinformationen

Der Hund ist nach derzeitigem wissenschaftlichem Erkenntnisstand das älteste Haustier des Menschen; verschiedenen Quellen zufolge ist es wahrscheinlich, dass Wölfe schon vor ca. 16 000 Jahren von den Steinzeitmenschen gezähmt und an die Nähe des Menschen gewöhnt wurden. Aus der Stammform Wolf entwickelten sich durch Domestikation im Laufe der Zeit die verschiedensten Hunderassen.
Hunde übernehmen für den Menschen in unterschiedlichen Bereichen wichtige Aufgaben, so zum Beispiel als Hüte-, Jagd-, Spür-, Blinden-, Rettungs- oder Schlittenhunde. Besonders in den Industrieländern ist der Hund außerdem für viele Menschen ein wichtiger Freund und Begleiter.
Zahlreiche Körpermerkmale und Verhaltensweisen des Hundes sind Indizien dafür, dass er vom Wolf abstammt:

- Die Rüden (männlichen Tiere) bleiben an Bäumen und Mauerecken stehen, heben ein Hinterbein und geben etwas Urin ab. Damit setzen sie Duftmarken und kennzeichnen die Grenzen ihres Reviers.
- Verwilderte Hunde schließen sich zu Rudeln zusammen und jagen gemeinsam, indem sie ihre Beutetiere hetzen (Hetzjagd).
- Beutetiere werden mit dem Maul ergriffen, mit den spitzen Eckzähnen festgehalten und totgeschüttelt (Totschüttelreflex). Dieses Verhalten kann man auch beobachten, wenn man einem Hund beispielsweise einen Ball oder ein Stofftier zum Spielen anbietet.
- Hunde in Rudeln heulen gemeinsam wie Wolfsrudel und verständigen sich mit ihren Artgenossen durch heulende und jaulende Laute.
- Im Wolfsrudel herrscht eine strenge Rangordnung. Das Rudel wird von einem männlichen und einem weiblichen Leittier (Alphatier) angeführt. Seinen menschlichen „Herrn“ erkennt der Hund als Leittier an.
- Leitwölfe dürfen zuerst und die besten Stücke vom erlegten Beutetier fressen, was auch bei verwilderten Hunderudeln zu beobachten ist.
- Junge Hunde und junge Wölfe spielen auf sehr ähnliche Weise und erproben spielerisch ihre Stärke und Geschicklichkeit.
- Das Raubtiergebiss des Hundes (insbesondere des „Wolfshundes“, d.h. des Schäferhundes) ähnelt sehr stark dem Gebiss eines Wolfes.

Didaktische Hinweise

Unterrichtsverlauf

Zeitrahmen: Doppelstunde, 90 Minuten

Medien/Material: Abbildung eines fiktiven Hundes (s. Bildvorlage S. 25), auf Folie gezogen zur Präsentation per Overheadprojektor oder zum Anpinnen an die Tafel; Arbeitsblätter (s. S. 26–30), evtl. Arbeitsblatt 2 auf Folie gezogen und Folienstift in kräftiger Farbe

Schwerpunkte der Unterrichtsstunde: In dieser Unterrichtssequenz werden schwerpunktmäßig die Themenbereiche „Domestikation und Hunderassen“, „Sinne“ und „Hund als Raubtier“ bearbeitet.

1. **Einstieg/Problemstellung:** Präsentation der Abbildung eines fiktiven Hundes (s. Bildvorlage), der Merkmale verschiedener Hunderassen (hier: Boxer, Spitz, Windhund, Pudel) in sich vereint. Die Vorlage wird schrittweise aufgedeckt, sodass nacheinander verschiedene Teile des „Hundes“ zu sehen sind.
   Je nach Intention kann die Hundeabbildung entweder als nonverbaler Impuls zur Themenfindung durch die Schüler oder als lehrergelenkte Problemstellung in Verbindung mit einer Frage präsentiert werden („Was für ein Hund ist das?“ o.ä.). Den Lernenden soll in dieser Unterrichtsphase bewusst werden, dass es einen Hund wie in der gezeigten Abbildung gar nicht gibt, dass sich hinter der Abbildung vielmehr verschiedene Hunderassen verbergen. Die Lernenden nennen möglicherweise den Begriff „Hundearten“, da ihnen der Unterschied zwischen „Rasse“ und „Art“ noch nicht geläufig ist; zwecks Reduktion der Komplexität sollte das Problem an dieser Stelle nicht vertieft werden. Die von den Lernenden genannten – und vermeintlich erkannten – verschiedenen Hunderassen werden als Vermutungen an der Tafel fixiert. Zur sachlichen Klärung dient die folgende Unterrichtsphase.

2. **Problemlösung:** Die Lernenden erhalten nun ein Informationsblatt (Arbeitsblatt 1) sowie ein Kreuzworträtsel (Arbeitsblatt 2). In Zweiergruppen erarbeiten sie sich nun anhand des Informationsblatts das nötige Wissen über ausgewählte Hunderassen, um das Kreuzworträtsel lösen zu können (Zeitvorgabe: ca. 15–20 min).
   Das Rätsel wird im Plenum besprochen, wobei immer ein Paar eine Hunderasse kurz vorstellt und charakterisiert. Hilfreich ist es, wenn das Rätselblatt als Folie vorliegt und an die Wand projiziert wird, sodass die Namen der Hunderassen für alle sichtbar eingetragen werden können.

3. **Anwendung/Festigung:** Als Rückbezug zum Stundeneinstieg wird die Abbildung des fiktiven Hundes nochmals präsentiert. Die zu Beginn der Stunde geäußerten Vermutungen darüber, aus welchen Hunderassen das abgebildete Tier zusammengesetzt wurde, werden überprüft und richtiggestellt. Die Lernenden wenden das erworbene Fachwissen über Hunderassen an, verbalisieren es und prägen es sich auf diese Weise ein. Zugleich erkennen die Schüler ihren eigenen Lernfortschritt.

4. **Weiterführung:** Im letzten Teil der Doppelstunde erhalten die Lernenden – ggf. nachdem im Unterrichtsgespräch über die Herkunft des Hundes bzw. der Hunderassen „spekuliert" wurde – verschiedene Aufgaben. Jeweils etwa die Hälfte der Klasse bearbeitet eine der folgenden Aufgaben in Einzel-, Partner- oder Kleingruppenarbeit (Zeitvorgabe: ca. 20 min).
   a) Aufgabengruppe 1: Arbeitsblatt 3 „Der Wolf: Stammvater des Hundes"; ggf. können zur weiteren inneren Differenzierung verschiedene Interessengruppen gebildet werden, die sich mittels verschiedener Medien über den Wolf und seine Lebensweise noch umfassender informieren.
   b) Aufgabengruppe 2: Arbeitsblatt 4 „Schädel und Gebiss des Hundes"

   Nach dieser Arbeitsphase werden erneut (am besten: Zufalls-)Zweiergruppen gebildet, und zwar mit je einem Schüler aus jeder Aufgabengruppe. Die Partner informieren sich gegenseitig über ihre vorangegangene Arbeit (Zeitvorgabe: 6 min), sodass anschließend alle Lernenden über beide Themenbereiche Bescheid wissen.
   Zur Vergewisserung über den Lernfortschritt sowie zur Sicherung der Erkenntnisse kann die „Ampelmethode" angewandt werden. Jeder Schüler erhält eine grüne, eine gelbe und eine rote Karte zur Abstimmung: grün = richtig; rot = falsch; gelb = ich weiß nicht. Die Aussagen auf dem Arbeitsblatt 5 „Wissenswertes über den Hund" werden vorgelesen und die Schüler heben bei jeder Aussage eine Farbkarte hoch. Jede korrekt angezeigte Karte gibt einen Punkt. Die erreichten Punkte kann jeder Schüler für sich notieren und am Ende der Übung feststellen, wie viele Punkte (von den 20 möglichen Punkten) er erreicht hat.
   Das Blatt kann auch ausgeteilt und in Einzelarbeit (z. B. als Hausaufgabe), in Partnerarbeit (z. B. im Sinne eines Experteninterviews, wobei dem Fragenden die Lösungen vorliegen) oder in Kleingruppenarbeit (z. B. zur Erfindung eines kleinen Lernspiels wie beispielsweise eines Rätsels) bearbeitet werden.

Lösungen zu den Aufgaben:

- Arbeitsblatt 2 „Kreuzworträtsel Hunderassen"

Lösungswort: Dalmatiner (gelöstes Rätsel s. S. 24)

- Arbeitsblatt 3 „Der Wolf: Stammvater des Hundes"

1. 1 männliches und 1 weibliches Leittier; **2.** Heulen, Kämpfe, Körpersprache; **3.** Steinzeitjäger zähmten Wölfe → Wölfe mit erwünschten Eigenschaften wurden gezielt ausgewählt, Anerkennung des Menschen als „Leittier" → Zucht verschiedener Rassen

- Arbeitsblatt 4 „Schädel und Gebiss des Hundes"

1. 1 = Schneidezähne; 2 = Eckzähne; 3 = Backenzähne; 4 = Reißzähne; 5 = Unterkiefer; 6 = Oberkiefer; 7 = Augenhöhle; 8 = Schädelknochen

3.

Zahntypen	Form der Zähne	Aufgabe der Zähne
Schneidezähne	klein, scharf	Zerschneiden der Nahrungsbrocken, Abschaben des Fleisches von Knochen
Eckzähne	lang, spitz (dolchartig), kräftig	Festhalten und Töten der Beutetiere
Backenzähne	mit spitzen Zacken; Reißzähne = größte Backenzähne (2 pro Kieferhälfte): groß, kräftig	Zerkleinern der Fleischbrocken

- Arbeitsblatt 5 „Wissenswertes über den Hund“

Richtig: 1, 3, 4, 6, 9, 10, 11, 13, 14, 16, 17, 19, 20; falsch: 2, 5, 7, 8, 12, 15, 18

- zu Arbeitsblatt 2 „Kreuzworträtsel Hunderassen“

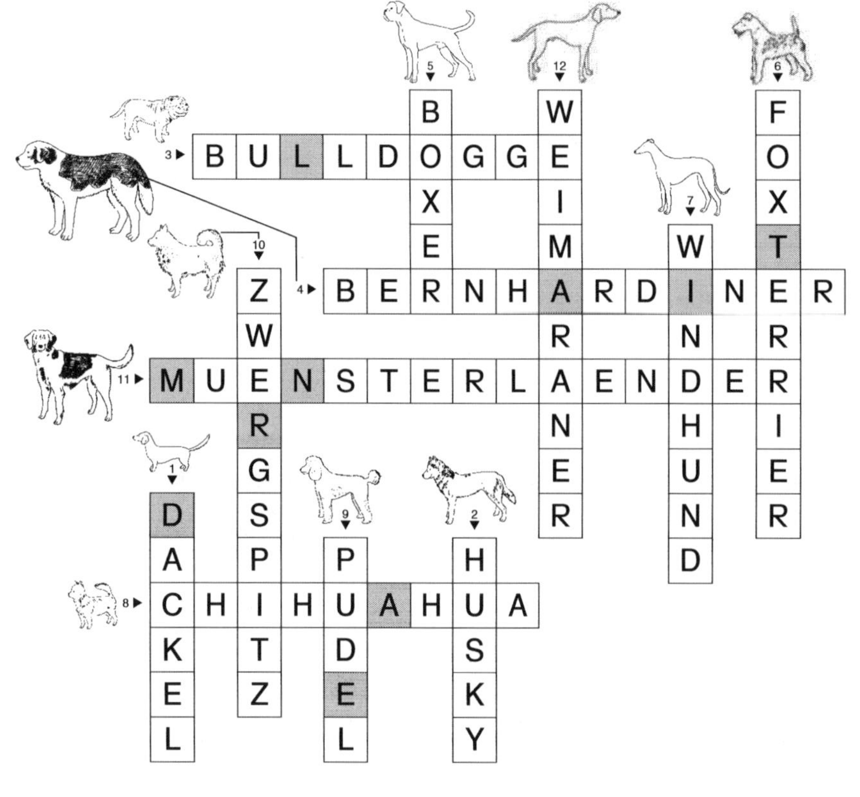

Was für ein Hund ist das?!

Informationsblatt Hunderassen

Name	Merkmale	Bedeutung für den Menschen
Schäferhund	dichtes Fell: schwarz, grau, schwarz-grau, braun, gelblich; Schulterhöhe bis 65 cm; kräftig	Polizei-, Zoll-, Herden-, Blinden-, Hof-, Rettungs-, Familienhund
Weimaraner	dicht anliegendes, glattes Haar; silber-, reh- oder mausgrau; Schulterhöhe bis 70 cm; schlank	Jagdhund
Bernhardiner	Gigant unter den Hunden; Gewicht bis 80 kg; massiger Körper; breite Brust; lange Rute (Schwanz); Fell meist weiß und rotbraun	Lawinenhund; Begleithund
Dackel	kurze Beine; lange Schnauze; große Hängeohren; oft braunes Fell	Jagdhund (Fuchs, Kaninchen, Dachs); Begleithund
Windhund (Greyhound)	sehr schlank; kurzes Fell, kleiner Kopf; langer Hals; kräftige Hinterbeine; Schulterhöhe bis 75 cm; großer Bewegungsdrang; treu	Jagdhund; Hunderennen; Begleit- und Familienhund
Husky	kräftig; dichtes hellgrau- weißes Fell, weißer Bauch; bewegungsfreudig; gesellig; intelligent	Schlittenhund
(Englische) Bulldogge	dichtes, kurzes Fell; sehr kräftiger Körper; schlanke, mittellange Rute; Schulterhöhe bis 65 cm	Begleithund
Zwergspitz	dichtes, langes Fell; spitze Ohren; zierliches Gesicht; Schulterhöhe bis 30 cm	Begleit- und Familienhund
Pudel	dichtes, wolliges Fell: schwarz, weiß, braun, silbern; Schulterhöhe bis 65 cm; sehr lernfähig; gesellig	Begleit- und Familienhund
Foxterrier	dichtes Fell: meist schwarz-weiß; kurzer Schwanz; Beine und Kopf lockig behaart; Schulterhöhe bis 40 cm; temperamentvoll; flink; stark ausgeprägter Jagdtrieb	früher vor allem Jagdhund; Familien- und Begleithund
(Deutscher) Boxer	kurzes Fell: glänzend, anliegend, meist braun; freundlich; anhänglich; braucht viel Bewegung	Familien- und Begleithund; Wachhund
(Golden) Retriever	gold- bis cremefarbenes Fell; Schulterhöhe bis 55 cm; gutmütig	Familienhund; Blinden-hund
Chihuahua	dichtes, weiches Fell; klein: Schulterhöhe bis 25 cm; gutmütig; sehr lernfähig	Familienhund; Schoßhund
Münsterländer	kräftiger, muskulöser Körper; langes, dichtes, schützendes Fell; intelligent; lebhaft mit großem Bewegungsdrang	Hof-, Wach-, Hüte-, Jagdhund

Kreuzworträtsel Hunderassen

Aufgaben:

1. Finde zu jeder abgebildeten Hunderasse den richtigen Namen und schreibe ihn in die entsprechenden Felder. Hinweis: Ä = AE; Ö = OE; Ü = UE

2. Füge die grau hinterlegten Buchstaben so zusammen, dass sich daraus der Name einer weiteren bekannten Hunderasse ergibt. Wie lautet das Lösungswort?

Lösungswort: _ _ _ _ _ _ _ _ _ _

Der Wolf: Stammvater des Hundes

Der Wolf gilt als der Stammvater aller Hunderassen. Weiß man Näheres über Wölfe, so kann man Hunde besser verstehen.

Wolfsrudel

Größere Wolfspopulationen gibt es heute zum Beispiel noch in Osteuropa, Kanada, Sibirien oder der Mongolei. Aber auch in manchen Teilen Deutschlands sind Wölfe wieder zu Hause.
Wölfe leben in kleinen Gruppen von sechs bis acht Tieren. Diese Wolfgruppen nennt man Rudel. Innerhalb des Rudels herrscht eine strenge Rangordnung. So gibt es immer ein männliches und ein weibliches Leittier, die das Rudel anführen.
Wölfe sind Hetzjäger. Gemeinsam verfolgt das Rudel ein Beutetier (z. B. Hase, Reh, Hirsch, Wildschwein), bis dieses ermüdet ist, und erlegt es dann. Die Leittiere dürfen zuerst von der gemeinsam erlegten Beute fressen.
Nur die beiden Leittiere im Rudel dürfen sich paaren. Einmal im Jahr werden pro Wurf vier bis sechs Welpen geboren. An der Jungenaufzucht ist das gesamte Rudel beteiligt.

Verständigung bei Wölfen

Das Revier eines Wolfsrudels ist oft über 100 Quadratkilometer groß. In diesem Revier werden keine anderen Wölfe geduldet. Innerhalb des doch recht großen Reviers verständigen sich die Wölfe durch Heulen.
Mit ihrer Körpersprache bringen die Tiere ihre Stimmung zum Ausdruck (z. B. Imponierhaltung: geschlossenes Maul, hochgestellte Ohren, erhobener Schwanz; Drohhaltung: Zähne gefletscht, aufgerichteter Schwanz, gesträubtes Fell, durchgestreckte Hinterbeine; Unterwerfung: geduckt am Boden, Schwanz unter dem Körper, Ohren angelegt, Kopf leicht nach oben gerichtet). Die Rangordnung im Rudel wird durch Kämpfe festgelegt; unterlegene Tiere müssen sich bedingungslos unterordnen.

Wolf und Mensch

Schon vor über 12 000 Jahren nahmen vermutlich Steinzeitjäger Wölfe in ihre Obhut. Unsere Vorfahren schätzten den Wolf wohl nicht nur als Nahrung, sondern auch als Bewacher des Lagers. Dabei wurden Tiere mit gewünschten Eigenschaften gezielt ausgewählt. Im jahrtausendelangen Prozess der Haustierwerdung entwickelten sich die vom Menschen gehaltenen Tiere und die wild lebenden Wölfe immer weiter auseinander. Der Mensch wurde von seinen Hunden zunehmend als Leittier und Rudelführer anerkannt.
Durch Züchtung entstanden im Laufe der Zeit über 500 Hunderassen, die vom Menschen zu ganz unterschiedlichen Aufgaben eingesetzt werden. Heute ist der Hund ein treuer Gefährte und Gehilfe des Menschen.
Die Angst des Menschen vor Wölfen ist wohl vor allem auf Geschichten und Märchen zurückzuführen. Wölfe sind sehr scheue Tiere und dem Menschen gegenüber normalerweise nicht aggressiv. Es kommt allerdings vor, dass Wölfe in abgelegene Dörfer vordringen und sich Schafe oder Kälber von den Weiden holen. Von bestimmten Indianerstämmen wurde der Wolf früher hoch verehrt und sogar als „großer Bruder" bezeichnet.

Aufgaben:

1. Wer führt ein Wolfsrudel an?
2. Wie verständigen sich Wölfe?
3. Beschreibe den Prozess der Haustierwerdung „vom Wolf zum Hund".

AB 4	Name:	Datum:	Der Hund

Schädel und Gebiss des Hundes

Wölfe und Hunde sind Fleischfresser. Ihr Gebiss, das man Raubtier- oder Fleischfressergebiss nennt, ist hervorragend an diese Ernährungsweise angepasst.

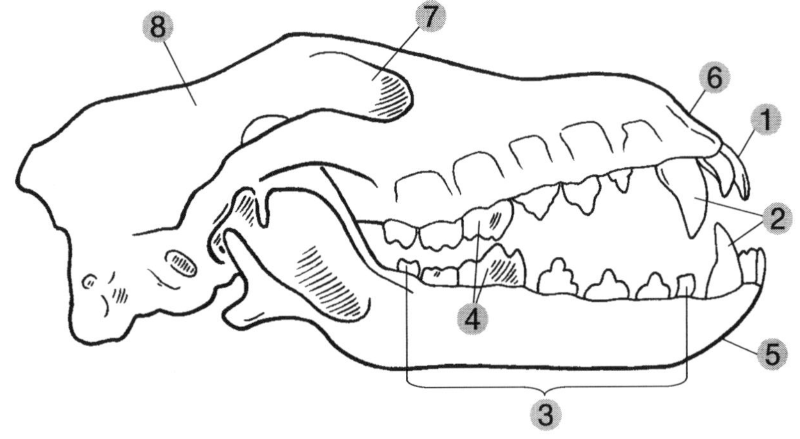

1 ____________________ 5 ____________________

2 ____________________ 6 ____________________

3 ____________________ 7 ____________________

4 ____________________ 8 ____________________

Aufgaben:

1. Beschrifte die obige Abbildung und verwende dazu folgende Begriffe:
Eckzähne, Unterkiefer, Augenhöhle, Reißzähne, Backenzähne, Schädelknochen, Schneidezähne, Oberkiefer

2. Male die Zähne des Hundes mit folgenden Farben an:
Rot = Schneidezähne, Blau = Eckzähne, Gelb = Backenzähne

3. Vervollständige folgende Tabelle zu den verschiedenen Zahntypen.

Zahntypen	Form der Zähne	Aufgabe der Zähne
	klein, scharf	
		Festhalten und Töten der Beutetiere
Backenzähne		

Wissenswertes über den Hund

Nr.	Aussage	RICHTIG	FALSCH
1	Der Hund stammt vom Wolf ab, d. h. der Wolf ist der Stammvater aller Hunderassen.		
2	Der Bernhardiner gilt als typische Jagdhundrasse.		
3	Für die Inuit ist der Husky als Schlittenhund von besonderer Bedeutung.		
4	Wölfe leben in Rudeln, in denen eine strenge Rangordnung herrscht.		
5	In jedem Rudel gibt es nur ein Leittier, das stets männlich ist.		
6	Die Jungtiere bei Wölfen und Hunden nennt man Welpen.		
7	In den meisten Gegenden Deutschlands leben nach wie vor sehr große Wolfspopulationen.		
8	Wölfe sind Schleichjäger, d. h. sie schleichen sich an ein Beutetier heran und fangen es dann mit einem Sprung.		
9	Wölfe sind sehr scheue Tiere, die den Kontakt zum Menschen vermeiden.		
10	Manche Völker (wie beispielsweise Indianer) verehrten den Wolf.		
11	In ihrem großen Revier verständigen sich Wölfe über Heullaute.		
12	Wölfe und Hunde sind Allesfresser: Sie ernähren sich von pflanzlicher und tierischer Nahrung sowie von Aas (toten Tieren).		
13	Hunde und Wölfe haben ein Raubtiergebiss mit langen, kräftigen, spitzen Eckzähnen.		
14	Wölfe und Hunde haben einen ähnlichen Körperbau und ähnlich ausgebildete Sinnesorgane.		
15	Vermutlich nahmen schon vor etwa 2 Millionen Jahren Steinzeitjäger Wölfe in ihre Obhut.		
16	Im Laufe der Haustierwerdung verlor der Hund die den Wölfen angeborene Scheu vor den Menschen.		
17	Für den Haushund ist der Mensch der „Chef", d. h. der Rudelführer.		
18	Der Mensch hat im Laufe der Zeit knapp 100 Hunderassen gezüchtet.		
19	Als Blindenhund ist der Golden Retriever vielen sehbehinderten Menschen eine große Hilfe.		
20	Die größten Backenzähne bei Fleischfressern wie Katze, Hund und Wolf nennt man Reißzähne.		

Hauskatze und Hund im Vergleich

Basisinformationen

Bei der Begegnung eines Hundes und einer Katze, die sich fremd sind, ist das unterschiedliche Verhalten der beiden Raubtiere augenscheinlich; beide bleiben in der Regel in einem gewissen Abstand voneinander stehen und starren sich an.

Der *Hund* nimmt eine Drohstellung ein, wie Ethologen (Verhaltensforscher) sagen:

- Vorder- und Hinterbeine werden leicht eingeknickt.
- Die Ohren sind aufgestellt und nach vorne gerichtet.
- Das Nackenfell sträubt sich.
- Der Schwanz ist ausgestreckt und aufgerichtet.
- Stirn und Nase sind gerunzelt.
- Das Maul ist leicht geöffnet und die Zähne werden gefletscht; die spitzen Eckzähne werden gut sichtbar.
- Der Hund beginnt erregt zu knurren und setzt zum Angriff an.

Die *Katze* zeigt ebenfalls eine typische Drohstellung, wie Ethologen sagen:

- Sie macht einen Katzenbuckel und zieht dabei ihren Körper zusammen (Drohbuckel).
- Körper- und Schwanzhaare sind gesträubt und lassen die Katze größer erscheinen.
- Die Ohren sind flach angelegt und der Kopf ist eingezogen.
- Die Pupillen sind stark geweitet.
- Die Nase ist gerunzelt.
- Die Katze beginnt erregt zu fauchen und spreizt die scharfen Krallen.
- Blitzschnell verschwindet die Katze beispielsweise auf einem Baum und bringt sich in Sicherheit.

Katze und Hund gehören innerhalb der Klasse der Säugetiere zur Ordnung der Raubtiere (Carnivora). In vielen Körpermerkmalen ähneln sie sich, in anderen allerdings nicht. Ihr Verhalten ist sehr unterschiedlich.

Katze und Hund sind im Übrigen seit nunmehr vielen Jahrzehnten unsere beliebtesten Haustiere. Nach vorsichtigen Schätzungen leben in Deutschland etwa 5 Millionen Hunde (was den Städten und Gemeinden große Beträge an Hundesteuer in die öffentlichen Kassen spült!) und etwa 7,5 Millionen Katzen.

Didaktische Hinweise

Unterrichtsverlauf

Zeitrahmen: Einzelstunde, 45 Minuten

Medien/Material: Bildvorlage „Was gehört zu welchem Tier?" (s. S. 33), auf Folie gezogen zur Präsentation per Overheadprojektor; Arbeitsblätter (s. S. 34–35)

Schwerpunkte der Unterrichtsstunde: Die hier vorgeschlagene Unterrichtsstunde baut auf die Unterrichtsstunden „Die Hauskatze" und „Der Hund" auf. Sie dient der Sicherung, Systematisierung und Erweiterung des Wissens der Lernenden über unsere derzeit in Deutschland beliebtesten Haustiere Hund und Katze.

1. **Einstieg:** Die Folie „Was gehört zu welchem Tier?" wird an die Wand projiziert (alternativ: als Arbeitsblatt verteilt), die Lösungen bleiben zunächst verdeckt. Die Lernenden äußern ihre Vermutungen im Unterrichtsgespräch und ordnen die verschiedenen Bilder zu; vermutlich werden „Hund" und „Katze" recht schnell als zugehörige Tiere genannt.
   Nun können die Lösungen aufgedeckt werden, sodass die Lernenden erkennen, ob die Vorschläge richtig waren oder nicht. Skelette von Hund und Katze aus der Biologiesammlung können vertiefend und ergänzend sowie zur Überprüfung der Lösungen herangezogen werden.

2. **Problemstellung und -lösung:** Gemeinsamkeiten und Unterschiede werden erarbeitet (Vergleich).
   a) Die Schüler erhalten das Arbeitsblatt 1 „Hauskatze und Hund im Vergleich". Dies sollen sie bearbeiten (Zeitvorgabe: ca. 15 min); ihre Ergebnisse tragen sie mit Bleistift in das Arbeitsblatt ein.
   b) Methode „Lerntempoduett"[2]: Ist ein Schüler mit dem Arbeitsblatt fertig, steht er auf und wartet darauf, dass der nächste Schüler mit der Einzelarbeit fertig ist und ebenfalls aufsteht. Die beiden Schüler vergleichen ihre Ergebnisse und korrigieren diese (ggf. nach Recherche im Biologiebuch, Lexikon oder Internet). Diese Methode der inneren Differenzierung gewährleistet, dass je zwei ähnlich schnell arbeitende Schüler ohne lange Zeit- und Reibungsverluste (ohne Rücksicht auf Sympathie, Geschlecht etc.) gemeinsam weiterarbeiten können, sodass individuelles, selbstständiges und eigenverantwortliches Lernen gewährleistet wird. Ist ein Schülerpaar mit der Aufgabe fertig, kann das Arbeitsblatt 2 „Körpersprache bei Hauskatze und Hund" (ansonsten vorgesehen als erweiternde und vertiefende Hausaufgabe, s. u.) zum Einsatz kommen.

3. **Ergebnissicherung:** Während der Zeit der selbstständigen Schülerarbeit kann die Lehrperson (oder ein von ihr beauftragter Schüler) die Tabelle von Arbeitsblatt 1 an die Tafel schreiben lassen. Zur Auswertung der Partnerarbeit trägt jedes Paar einen Vergleichspunkt mit Lösung vor, begründet die Lösung und notiert diese in der Tabelle. Die Lernenden vergleichen ihre Ergebnisse mit denen an der Tafel und korrigieren/ergänzen sie gegebenenfalls.

4. **Vertiefung/Weiterführung:** Als Hausaufgabe erhalten die Schüler das Arbeitsblatt 2 „Körpersprache bei Hauskatze und Hund".

Lösungen zu den Aufgaben:

- Arbeitsblatt 1 „Hauskatze und Hund im Vergleich"

Vergleichspunkte	Hauskatze	Hund
Junge werden lebend geboren	ja	ja
Haarkleid vorhanden	ja	ja
Einzelgänger	ja	nein
Rudeltier	nein	ja
Raubtiergebiss	ja	ja
Hetzjäger oder Schleichjäger?	Schleichjäger	Hetzjäger
Krallen sind beim Laufen ...	eingezogen	nicht eingezogen (Ein Einziehen der Krallen ist beim Hund nicht möglich!)
Das Ende der Krallen ist ...	spitz	stumpf
Abstammung	von der Falbkatze	vom Wolf
Dressierbarkeit	sehr schwer	gut
Junge werden gesäugt	ja	ja
Pupillen sind bei Helligkeit ...	senkrecht schlitzförmig	klein und rund
Reißzähne vorhanden	ja	ja
Besonders gut ausgeprägte Sinne	Augen, Ohren, Tastsinn, Geruchssinn	Augen, Ohren, Tastsinn, Geruchssinn
Wirbelsäule mit Einzelwirbeln bis in die Schwanzspitze	ja	ja

- Arbeitsblatt 2 „Körpersprache bei Hauskatze und Hund"

Lösungswort: schnurren

2 Die Methode des „Lerntempoduetts" stammt aus dem Bereich des „Kooperativen Lernens" von Norm und Kathy Green, Informationen dazu siehe <http://www.greeninstitut.squarspace.com>

Was gehört zu welchem Tier?

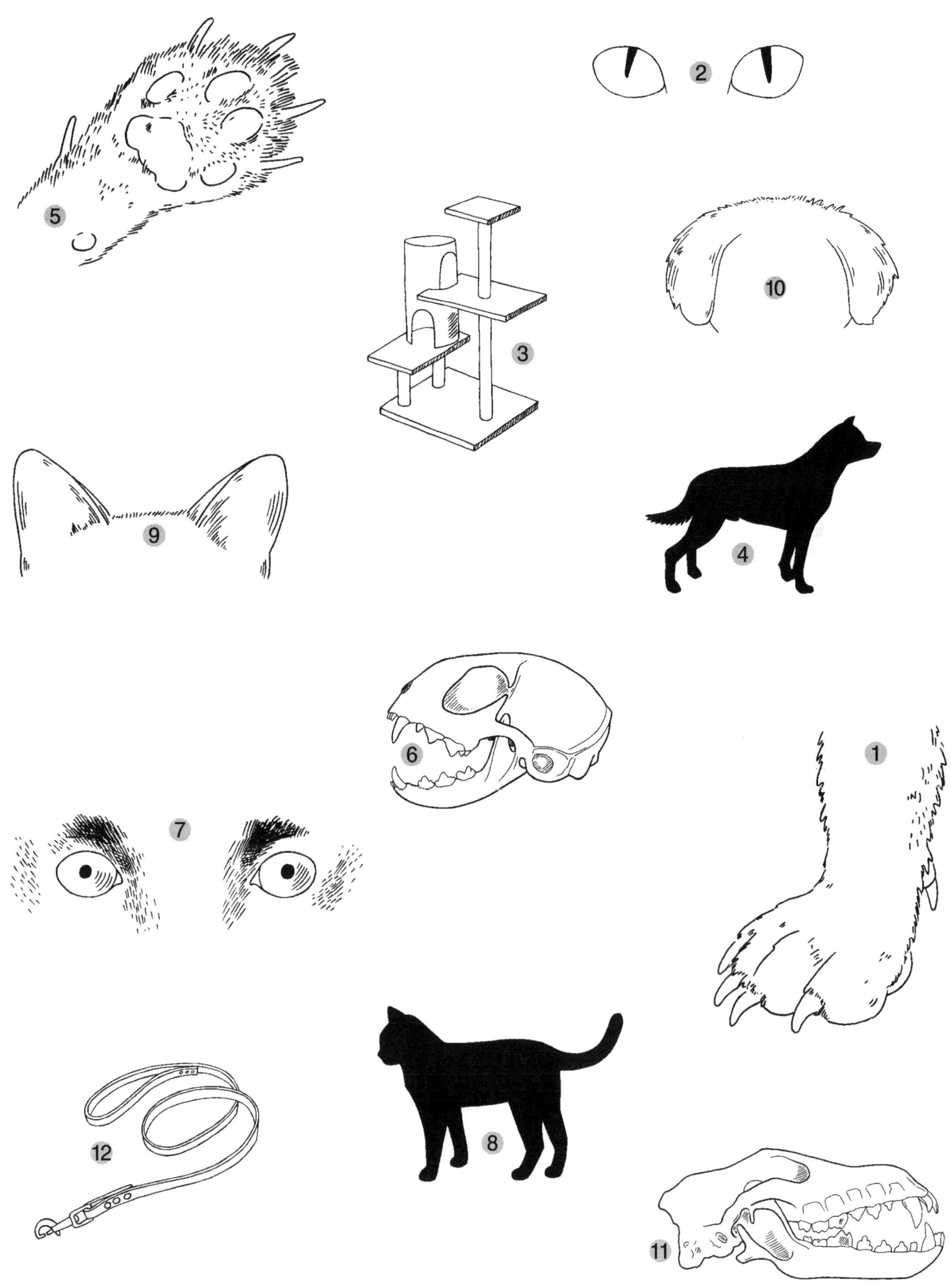

Lösung: Hund: 1, 4, 7, 10, 11, 12; Katze: 2, 3, 5, 6, 8, 9

AB 1	Name:	Datum:	Katze und Hund

Hauskatze und Hund im Vergleich

Aufgabe:

Vervollständige die folgende Tabelle. Kreise die richtigen Wörter ein bzw. setze die korrekten Begriffe ein.

Vergleichspunkte	Katze		Hund	
Junge werden lebend geboren	ja	nein	ja	nein
Haarkleid vorhanden	ja	nein	ja	nein
Einzelgänger	ja	nein	ja	nein
Rudeltier	ja	nein	ja	nein
Raubtiergebiss	ja	nein	ja	nein
Hetzjäger oder Schleichjäger?				
Krallen sind beim Laufen …				
Das Ende der Krallen ist …				
Abstammung				
Dressierbarkeit				
Junge werden gesäugt	ja	nein	ja	nein
Pupillen sind bei Helligkeit …				
Reißzähne vorhanden	ja	nein	ja	nein
Besonders gut ausgeprägte Sinne				
Wirbelsäule mit Einzelwirbeln bis in die Schwanzspitze	ja	nein	ja	nein

AB 2	Name:	Datum:	Katze und Hund

Körpersprache bei Hauskatze und Hund

Auf diesem Blatt sind Textbausteine und Abbildungen leider völlig durcheinandergeraten. Was gehört zusammen?

Aufgabe:

a) Schneide die Textkarten aus und ordne sie den passenden Bildern zu.

b) Kontrolliere deine Ergebnisse anhand des Lösungswortes und klebe erst dann die Textkarten auf.

Lösungswort: __ __ __ __ __ __ __ __ __

Ich suche Anschluss. (H)	Ich freue mich. (U)	Pass bloß auf! (S)	Ich bin bereit zum Angriff. (R)	Ich habe Angst. (N)
Ich fühle mich wohl. (C)	Ich ergebe mich! (R)	Ich greife gleich an. (N)	Willst du mit mir spielen? (E)	

Das Rind

Basisinformationen

Das Rind stammt vom Urrind (Ur, Auerochsen) ab. Vor ca. 9000 Jahren begannen die Menschen, Auerochsen zu domestizieren. Die Wildtiere, die in Europa recht verbreitet waren, bildeten kleine Herden, die im Wald oder in Waldnähe lebten und sich von Gräsern, Blättern und Knospen ernährten. Die männlichen Tiere waren bis zu 2 Meter groß und schwarzbraun, während die weiblichen Tiere mit etwa 1,8 Metern etwas kleiner waren und ein rotbraunes Fell besaßen.
Da der Nährstoffanteil bei pflanzlicher Nahrung im Vergleich zu dem in tierischer Nahrung relativ gering ist, mussten die Wildrinder täglich große Nahrungsmengen aufnehmen – ständig bedroht von Wölfen und Bären. Durch ihre langen spitzen Hörner konnten sie sich wirkungsvoll zur Wehr setzen. Ihre Angriffe auf die Gegner waren jedoch meist nur dann von Erfolg gekrönt, wenn sie gemeinsam auf einen „Feind" losgehen konnten.

Das Rind liefert dem Menschen mehrere wertvolle Produkte: Fleisch, Leder, Horn, Fett (Rindertalg) und, vor allem, Milch. Die Farbe der Milch kann, besonders bei Weidegang der Kühe, infolge unterschiedlichen Carotinoid- und Riboflavingehalts zwischen weiß und schwach gelblich-grün schwanken. Aber auch die Zusammensetzung der Nährstoffe ist stark von der Fütterung der Tiere (Grünfutter, Silagefutter, Heu) abhängig. Wenig bekannt ist, dass schon in einem Liter Milch, neben zahlreichen anderen Vitaminen, 20–25 mg Vitamin C (Ascorbinsäure) enthalten sind – d. h. fast die Hälfte dessen, was ein Jugendlicher (15 Jahre) täglich an Ascorbinsäure benötigt. Milch schmeckt infolge der Mineralstoffzusammensetzung schwach salzig und infolge der relativ hohen Laktosekonzentration schwach süß. Das Aroma von frischer, unbehandelter Kuhmilch (Rohmilch) ist insbesondere auf das Vorhandensein von Aceton, kurzkettigen Carbonsäuren, Ethanol sowie N- und S-haltigen flüchtigen Verbindungen (u. a. Dimethylsulfide) zurückzuführen. In der unten stehenden Tabelle sind einige Milchsorten zum Vergleich aufgeführt.
Aufgrund ihrer Zusammensetzung und guten physiologischen Ausnutzbarkeit (95–99 %) zählt die Milch zu den ernährungsphysiologisch hochwertigen Lebensmitteln. Bei der Säuglingsernährung allerdings muss Kuhmilch einerseits verdünnt (z. B. Zweidrittel- oder Halbmilch), andererseits mit Kohlenhydraten (Laktose = Milchzucker, ein Disaccharid) versetzt werden; abgesehen davon sind Protein- und Fettzusammensetzung von Mutter- und Kuhmilch keineswegs identisch.
Zu beachten ist ferner, dass etwa 75 % der Menschen in Asien und 15 % der Menschen in Deutschland infolge eines genetisch bedingten Laktasemangels (Laktase = Enzym, das Laktose hydrolytisch spaltet) das Disaccharid Laktose nicht verwerten können und somit unter Unverträglichkeitserscheinungen leiden bzw. Symptome von Allergien zeigen.

Bestandteile	Kuhmilch	Muttermilch (Humanmilch)	Stute	Rentier
Kohlenhydrate (vor allem Milchzucker)	**4–6 %**	6–7 %	6–7 %	2,2–2,7 %
Proteine	**3–5 %**	1,3–1,6 %	2–3 %	9–12 %
Fette	**3–5 %**	3,8–4,2 %	1,3–1,7 %	20–25 %
Mineralstoffe (u. a. Ca, Mg, P)	**0,7–0,9 %**	0,1–0,2 %	0,3–0,5 %	1,3–1,8 %
Vitamine (A, D, E, B, Niacin, C)	**25–35 mg/l**	30-35 mg/l	20–30 mg/l	30–40 mg/l
Wasser	**83–88 %**	85–90 %	85–90 %	65–70 %

Zusammensetzung von Milch.
Durchschnittswerte nach Franzke, C. (Hrsg.): Allgemeines Lehrbuch der Lebensmittelchemie. Behrs Verlag, Hamburg 2006, S. 420 ff.; Hetzner, E. (Hrsg.): Handbuch Milch. Behrs Verlag, Hamburg 2009

Didaktische Hinweise

Eines der wirtschaftlich wichtigsten Haustiere für die Mitteleuropäer ist zweifelsohne das Rind; dies ist den Lernenden meist aus eigener Anschauung gut bekannt – ob von einem Besuch auf dem Bauernhof oder der Begegnung mit Rindern auf der Weide. Nichtsdestotrotz können viele Schüler der Klassenstufen 5/6 nur wenige Angaben über Rinder und deren Bedeutung für den Menschen machen.
Ein Lerngang zu einem nahe gelegenen Bauernhof oder an eine Kuhweide bietet sich als Hinführung zum Thema Rind an, werden dort doch zahlreiche Fragen aufgeworfen: Ein Rind frisst Tag für Tag auf der Weide bis zu 100 kg Futter – wie kann das sein? Warum fressen Kühe fast den ganzen Tag? Warum kauen Rinder so oft und so lange? Wozu braucht eine Kuh vier Mägen? Wie viel Milch gibt eine Kuh im Jahr? Warum ist Milch so gesund – ja eines unserer gesündesten Lebensmittel? Diese und weitere Fragen können im folgenden Unterricht wieder aufgegriffen und geklärt werden.

Unterrichtsverlauf

Zeitrahmen: Einzelstunde, 45 Minuten

Medien/Material: Fotos „Bilder aus der Höhle von Lascaux" und „Rinder auf der Weide" auf Folie gezogen zur Präsentation per Overheadprojektor oder zum Anpinnen an die Tafel (s. Bildvorlagen S. 40); Arbeitsblätter (s. S. 41–44)

Schwerpunkte der Unterrichtsstunde: In dieser Unterrichtsstunde steht das Rind als Haustier im Vordergrund. Es geht um die Abstammung des heutigen Hausrindes, um die Produkte, die uns das Hausrind liefert, sowie um Fragen rund um die Tierhaltung.

1. **Einstieg:** Präsentation der Bilder von den Höhlenmalereien von Lascaux. Die Lernenden äußern sich dazu. Die Lehrperson hält sich in dieser Phase sehr zurück; sie ermutigt allerhöchstens, das auch außerschulisch erworbene Vorwissen zu aktivieren, Gedanken und Ideen zum Bild zu formulieren und eine Bildunterschrift zu finden. Falls die Lernenden aufgrund fehlenden Vorwissens wenig mit dem Bild anzufangen wissen, kann die Lehrperson einige Hinweise geben:
   - Die Höhlenbilder von Lascaux entstanden schon vor über 10000 Jahren (Jungsteinzeit).
   - Die Höhle von Lascaux ist ca. 250 m lang und wurde 1940 entdeckt.
   - 1983 wurde eine Höhlenkopie (exakte Nachbildung der Originalhöhle) für die Allgemeinheit geöffnet.
   - Die Höhlenmalereien umfassen zahlreiche farbige Abbildungen von Hirschen, Wildpferden, Bären sowie von Tieren, die auch heute noch sehr wichtige Haustiere bei uns in Mitteleuropa sind ..., die uns bis heute wichtige Nahrungsmittel liefern ..., aus denen wir zahlreiche Lebensmittel herstellen, von denen die meisten von uns heute früh schon etwas zu sich genommen haben ...

   Zur Fokussierung der Aufmerksamkeit der Lernenden deutet die Lehrperson auf ein (Ur-)Rind und nennt das Thema der Unterrichtsstunde (Überschrift: Das Rind). Die Lehrperson präsentiert das Bild von weidenden Rindern (s. Bildvorlage S. 40 unten); die Lernenden verbalisieren, was auf dem Bild zu erkennen ist.

2. **Problemstellung/-lösung:** In kleinen Gruppen (à 3–5 Personen, Zufalls-, Interesse- oder Sympathiegruppen) bearbeiten die Lernenden folgende Themenbereiche:
   - Abstammung des Hausrindes (Arbeitsblatt 1a)
   - Milch und Milchprodukte (Arbeitsblatt 1b)
   - Fleisch und Fleischprodukte (Arbeitsblatt 2a)
   - Leder und Horn (Arbeitsblatt 2b)
   - Ernährung und Verdauung beim Rind (sehr anspruchsvoll; Arbeitsblatt 3)

   Jedes Thema sollte von 1–2 Gruppen behandelt werden (Zeitvorgabe: ca. 10 min).

3. **Ergebnissicherung:** Nach der Gruppenarbeit präsentieren die Arbeitsgruppen ihre Ergebnisse; diese werden in Kurzform an der Tafel (von den Schülergruppen oder der Lehrperson) angeschrieben und von den Lernenden ins Heft übertragen (s. u.).

4. **Vertiefung/Weiterführung:** Als nachbereitende und vertiefende Hausaufgabe können wahlweise folgende Aufgaben erteilt werden, die in einer Folgestunde zur Themenfokussierung dienen können:
   a) Bilder von Produkten des Rindes zum Ausschmücken des Heftes sammeln, einkleben und ggf. ein kleines Plakat (DIN A3 oder 2) gestalten
   b) Welche verschiedenen Formen der Rinderhaltung gibt es? Nenne Vor- und Nachteile.
   c) Arbeitsblatt 4 „Milchgewinnung und Milchverarbeitung“

Tafelbild **(Beispiel)**

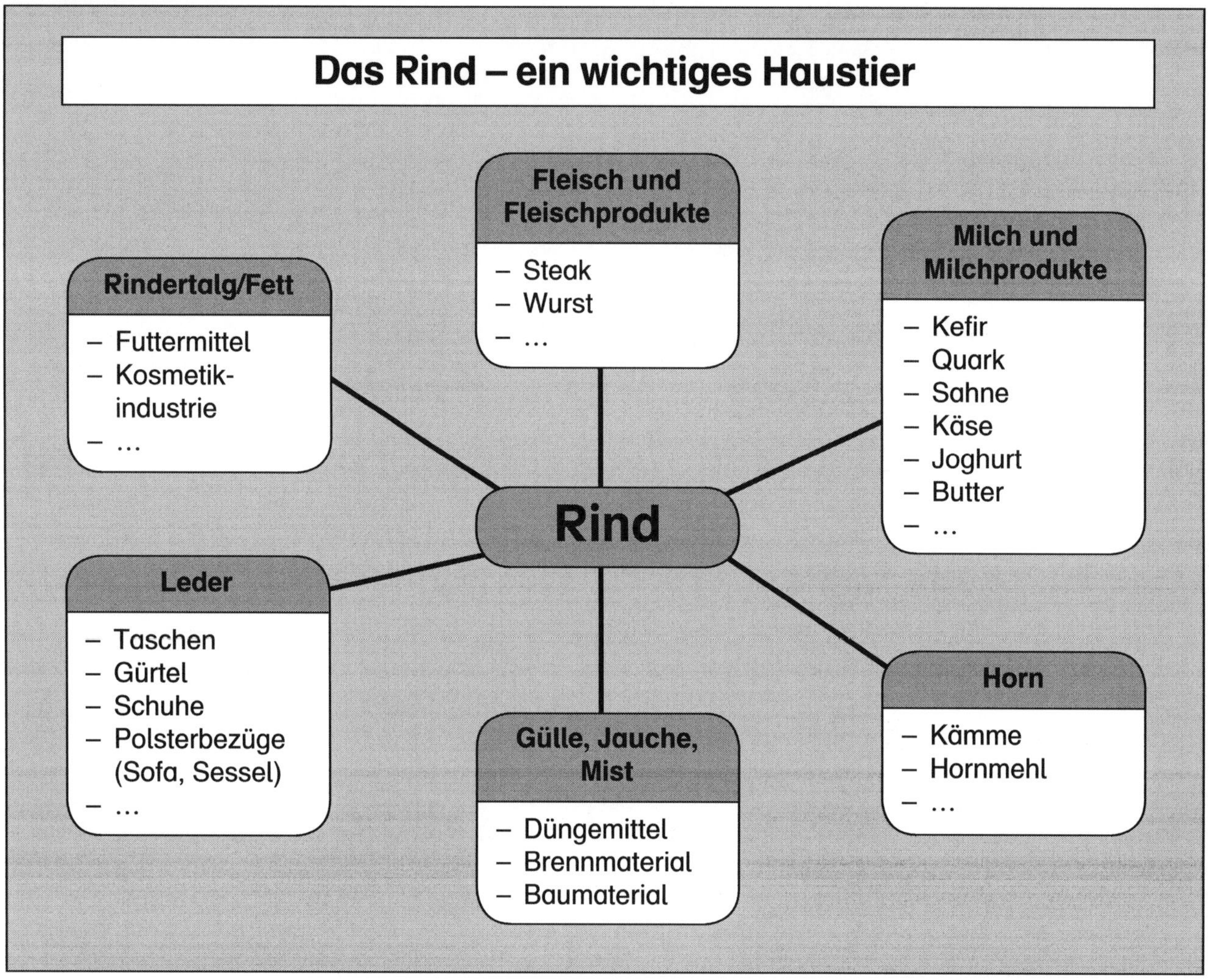

Das Rind – ein wichtiges Haustier
Fleisch und Fleischprodukte
– Steak
– Wurst
– …
Rindertalg/Fett
– Futtermittel
– Kosmetik-industrie
– …
Milch und Milchprodukte
– Kefir
– Quark
– Sahne
– Käse
– Joghurt
– Butter
– …
Rind
Leder
– Taschen
– Gürtel
– Schuhe
– Polsterbezüge (Sofa, Sessel)
– …
Horn
– Kämme
– Hornmehl
– …
Gülle, Jauche, Mist
– Düngemittel
– Brennmaterial
– Baumaterial

Lösungen zu den Aufgaben:

- Arbeitsblatt 3 „Ernährung und Verdauung beim Rind“

Hörner
Augenhöhle
Knorpelleiste
Zahnlücke
Schneide-zähne
Backenzähne

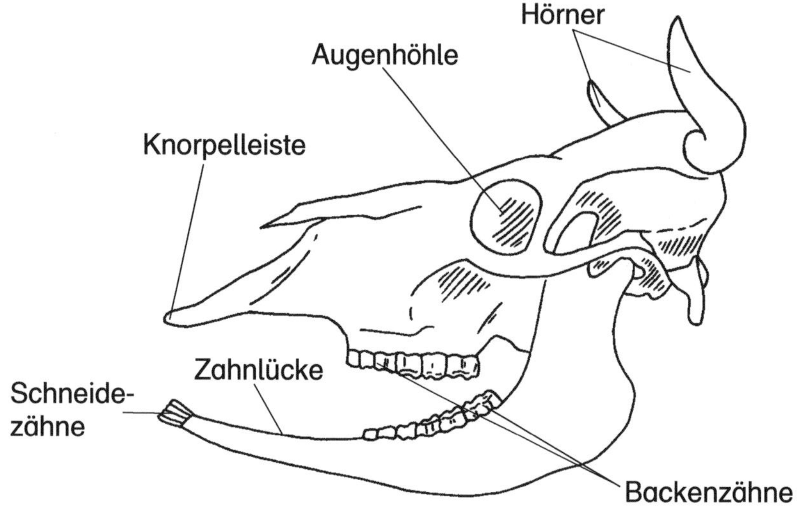

- Arbeitsblatt 4 „Milchgewinnung und Milchverarbeitung“

1. a)/b)

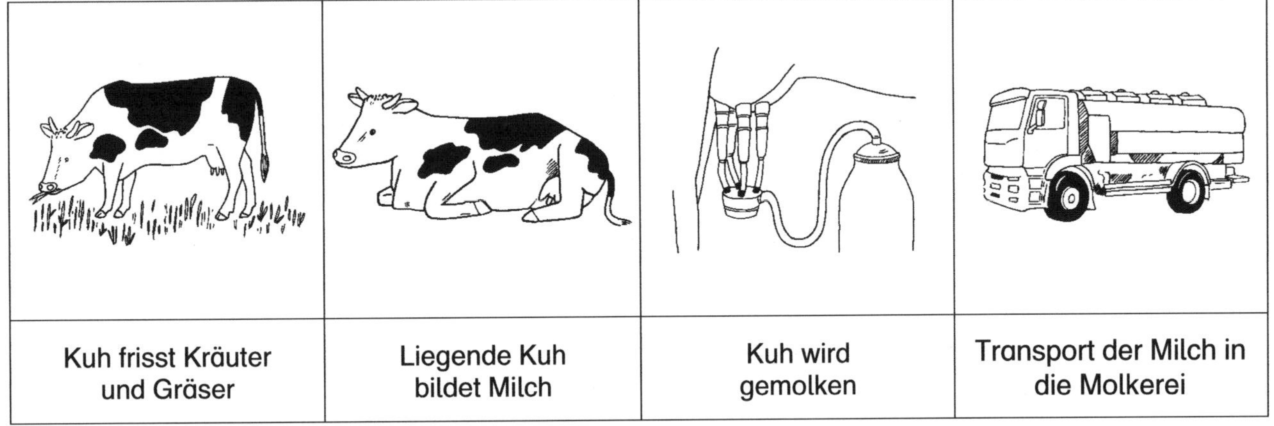

Kuh frisst Kräuter und Gräser	Liegende Kuh bildet Milch	Kuh wird gemolken	Transport der Milch in die Molkerei

2. a) Beispiele sind: pasteurisierte und homogenisierte Vollmilch und fettarme Milch, H-Milch, Kondensmilch, Quark, Käse (viele verschiedene Sorten), Joghurt, Butter, Sahne, Schmand, Kefir, Buttermilch, Milchpulver (Babynahrung)

Bild aus der Höhle von Lascaux

Rinder auf der Weide

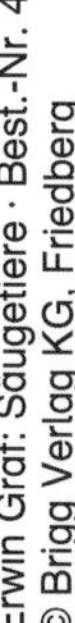

AB 1a	Name:	Datum:	Das Rind

Abstammung des Hausrindes

Die berühmten Höhlenmalereien von Lascaux (Frankreich) stammen aus der Jungsteinzeit, vermutlich aus dem Zeitraum zwischen 15000 und 17000 vor Christus. In den Darstellungen von Auerochsen, Wildpferden, Hirschen und Bären wird deutlich, welche Rolle diese Wildtiere schon damals für die Menschen spielten.
Auerochsen lebten in großen Herden von mehreren Tausend Tieren. Unsere Vorfahren gingen auf die Jagd, opferten ihre Beute den Göttern und baten so um Jagdglück; nach dem Opfern wurde das Fleisch verzehrt.
Wisent und Bison sind heute noch frei lebende nahe Verwandte des Auerochsen. An ihnen kann man beobachten, wie Auerochsen früher gelebt haben könnten. Das Wildrind ist inzwischen ausgestorben, wurde jedoch nachgezüchtet.

Die Haustierwerdung des Rindes begann vor fast 10000 Jahren. Die Auerochsen wurden als Zugtiere im Ackerbau verwendet. Auch die Milch wurde schon früh vom Menschen genutzt. Durch gezielte Züchtung konnte die Milchleistung im Laufe der Zeit deutlich gesteigert werden. Eine gute Milchkuh liefert heute pro Jahr zwischen 8000 und 10000 Litern Milch.
Neben den Milchkühen wurden auch Fleischkühe gezüchtet, die weniger Milch, dafür aber sehr viel mageres Rindfleisch liefern. Im Durchschnitt isst jeder bundesdeutsche Bürger pro Jahr etwa 40 kg Rindfleisch oder Rindfleischprodukte, das sind durchschnittlich fast 100 Gramm pro Tag.

Aufgabe: Lest den Text sorgfältig durch. Unterstreicht die wichtigsten Informationen. Schreibt Stichpunkte auf, die euch helfen, den Inhalt des Textes vorzutragen.

AB 1b	Name:	Datum:	Das Rind

Milch und Milchprodukte

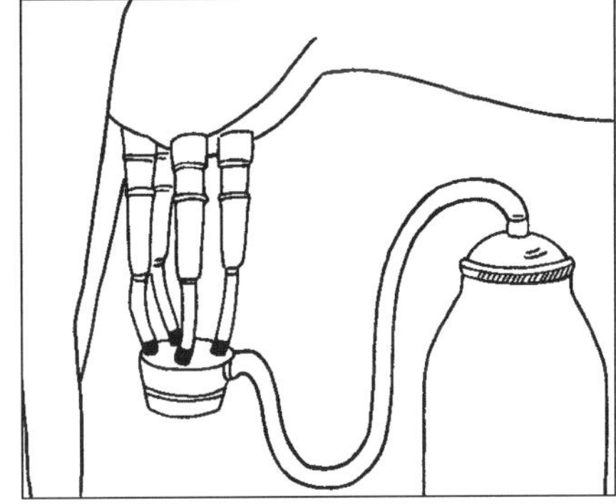

Eine Milchkuh liefert bis zu 10000 Liter Milch in einem Jahr. Frisch gemolkene Kuhmilch besteht durchschnittlich aus ca. 85 % Wasser, 4,5 % hochwertigem Eiweiß, 4,5 % Fett, 5 % Milchzucker und 1 % Mineralsalze und Vitamine. Milch ist damit ein vollwertiges und gesundes Nahrungsmittel.

Die Milch wird in den Milchdrüsen des Euters gebildet. Eine Kuh bildet erst nach der Geburt des ersten Kalbes Milch.
Bei der Milchkuhhaltung werden die Tiere morgens und abends gemolken. Dabei wird die Milch in der Regel mithilfe einer Melkmaschine aus dem Euter gesaugt. Diese frisch gemolkene, unbehandelte Milch wird als Rohmilch bezeichnet.
Sie wird in großen Vorratsbehältern gesammelt und gekühlt. Anschließend wird sie im Milchwagen beim Bauern abgeholt und in die Molkerei gebracht. Hier wird die Rohmilch filtriert und zu Frischmilch, haltbarer Milch (H-Milch), Quark, Frischkäse und anderen Milcherzeugnissen weiterverarbeitet.
Je nach Zusammensetzung der Nahrung, die die Kühe bekommen (z. B. Weidegras, Heu, Silofutter), nach Art der Haltung der Kühe (z. B. Weidegang, Stallhaltung), nach Jahreszeit, nach Region (z. B. Schwarzwald, Harz, Allgäu, Alpen) und nach Rinderrasse schmeckt die Milch unterschiedlich und ist verschieden zusammengesetzt.

Aufgabe: Lest den Text sorgfältig durch. Unterstreicht die wichtigsten Informationen. Schreibt Stichpunkte auf, die euch helfen, den Inhalt des Textes vorzutragen.

AB 2a	Name:	Datum:	Das Rind

Fleisch und Fleischprodukte

Wir kennen heute fast 1 000 verschiedene Rinderrassen; alle stammen vom Wildrind (Auerochsen) ab. Bestimmte Rassen zählen zum Milchvieh und sind besonders für die Milchproduktion geeignet. Als Fleischvieh bezeichnet man Rassen, die zur Rindfleischproduktion gezüchtet und gehalten werden.
Während in Mitteleuropa im Jahr 1800 der jährliche Fleischverbrauch (Rind, Schwein, Lamm, Geflügel usw.) pro Kopf bei 15 kg lag, ist er bis heute auf etwa 100 kg angestiegen. Ein erheblicher Anteil davon ist Kalb- und Rindfleisch. Da Kalb- und Rindfleisch viel hochwertiges Eiweiß und verhältnismäßig wenig Fett enthält, ist es in Deutschland sehr geschätzt und wird oft Schweine- und Geflügelfleisch vorgezogen.
Allein in Deutschland werden derzeit über 10 Millionen Rinder gehalten. Nur ein kleiner Teil dieser Tiere lebt auf einer Weide. Die meisten werden im Stall gehalten und werden durch besonderes Futter (Mastfutter) gemästet. Sie sollen möglichst schnell an Gewicht zunehmen und bald geschlachtet werden können. Gemästete Kälber werden nach 2 bis 4 Monaten geschlachtet, Mastrinder nach 9 bis 12 Monaten.
Rindfleisch und Rindfleischprodukte (z. B. Rindswürste, Rinderschinken), die wir in Deutschland kaufen, stammen jedoch nicht nur von Rindern aus Deutschland. Eine ganze Menge Rindfleisch wird zum Beispiel aus Südamerika importiert, wo riesige Rinderherden gehalten werden. Um den weltweiten Rindfleischbedarf zu decken, werden Jahr für Jahr große Flächen gerodet, abgebrannt und zerstört, um neue Weideflächen für Rinder anzulegen. Um den weltweiten Rindfleischbedarf zu decken, werden große Flächen im tropischen Regenwald gerodet, abgebrannt und zerstört, um neue Weideflächen für Rinder anzulegen.

Aufgabe: Lest den Text sorgfältig durch. Unterstreicht die wichtigsten Informationen. Schreibt Stichpunkte auf, die euch helfen, den Inhalt des Textes vorzutragen.

AB 2b	Name:	Datum:	Das Rind

Leder und Horn

Rindsleder ist das am weitesten verbreitete Leder. Es wird zur Herstellung von Schuhen, Taschen, Gürteln, Sätteln, Möbelpolstern und so weiter verwendet. Es ist sehr strapazierfähig und hält lange.
Die Fläche einer Rindlederhaut liegt bei rund 4 Quadratmetern; für ein Sofa werden etwa 25 Quadratmeter Leder benötigt. Sehr wertvoll und äußerst strapazierfähig ist Kalbsleder (Hinweis: Kälber sind Tiere, die noch kein Jahr alt sind und noch keine 150 kg wiegen).

Um aus einer Tierhaut hochwertiges Leder zu erhalten, muss diese zunächst gereinigt, enthaart, gegerbt und getrocknet werden. Sind die Haare auf dem gegerbten Leder erhalten, spricht man von einem Tierfell.

Aus den Hörnern der Rinder stellt man durch Zermahlen Hornmehl her. Hornmehl ist sehr stickstoffhaltig und wird als wertvoller biologischer Dünger genutzt (Horndünger).

Aufgabe: Lest den Text sorgfältig durch. Unterstreicht die wichtigsten Informationen. Schreibt Stichpunkte auf, die euch helfen, den Inhalt des Textes vorzutragen.

Ernährung und Verdauung beim Rind

Sieht man Rinder auf der Weide, so fällt auf, dass einige von ihnen Gras fressen, während die anderen am Boden liegen und lang anhaltend kauen.
Rinder sind Pflanzenfresser: Sie ernähren sich vor allem von Gräsern, Kräutern und Laubblättern (sofern Blätter von Büschen und Bäumen für sie verfügbar sind). Im Oberkiefer sitzen keine Schneidezähne, dafür hat der Oberkiefer im vorderen Bereich eine harte Knorpelleiste. Das Rind besitzt auch keine Eckzähne, sondern hat stattdessen eine große „Zahnlücke“. Das Gras wird meist gleich büschelweise abgerissen: Hat die Zunge das Grasbüschel umschlungen, wird es gegen die Knorpelleiste gedrückt, festgehalten und mit den unteren Schneidezähnen abgeschnitten.

Ein Rind frisst jeden Tag bis zu 100 kg Pflanzennahrung. Hat es genug gefressen, legt es sich auf den Boden und kaut nicht selten stundenlang, auch nachts. Die kräftigen Backenzähne im Ober- und Unterkiefer haben eine breite Kaufläche sowie harte Schmelzfalten, mit deren Hilfe die pflanzliche Nahrung wie zwischen Mühlsteinen zermahlen wird. Rinder kauen ihre Nahrung nicht nur einmal, sondern gleich zweimal. Deshalb werden sie auch als Wiederkäuer bezeichnet. Das mehrfache Kauen der Nahrung ist sinnvoll, denn pflanzliche Nahrung ist sehr schwer verdaulich.

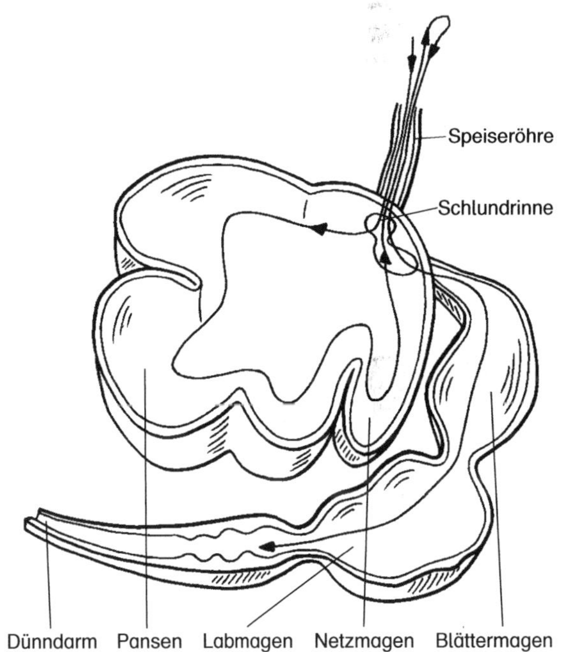

Die aufgenommene pflanzliche Nahrung wird nach dem ersten Kauen geschluckt und gelangt in den großen Pansen („Magen 1“). Hier wird der Nahrungsbrei aufgeweicht und von Mikroorganismen (vor allem Bakterien) vorverdaut. Dann gelangt der Speisebrei in den Netzmagen („Magen 2“), wo er zu kleinen Bällchen geformt wird. Von hier aus wird er durch die Speiseröhre wieder ins Maul befördert. Nun wird die Nahrung ein zweites Mal gut durchgekaut und eingespeichelt. Schließlich rutscht der jetzt dünne, stark wasserhaltige Speisebrei durch die Speiseröhre in den Blättermagen („Magen 3“), wird hier entwässert und anschließend in den Labmagen („Magen 4“) weitergeleitet. Im Labmagen beginnt die eigentliche Verdauung durch körpereigene Enzyme. Sie wird anschließend im Darm fortgesetzt und abgeschlossen. Über die Darmwand werden die Nährstoffe aus der Pflanzennahrung aufgenommen, der Rest wird als Kot ausgeschieden.

Aufgaben:

1. Lest den Text sorgfältig durch. Unterstreicht die wichtigsten Informationen. Schreibt Stichpunkte auf, die euch helfen, den Inhalt des Textes vorzutragen.
2. Beschriftet den Schädel des Rindes.

Milchgewinnung und Milchverarbeitung

Rinder auf der Weide

Rinder im Stall

Aufgaben:

1. **a)** Schneide die vier Abbildungen unten auf dem Blatt aus und klebe sie in einer sinnvollen Reihenfolge in dein Heft.
   b) Finde zu jedem Bild eine passende Bildunterschrift.

2. **a)** Erstelle in deinem Heft ein Schaubild wie rechts dargestellt. Finde möglichst viele Produkte, die in der Molkerei aus Milch hergestellt werden, und zeichne oder schreibe sie an die Pfeile. Du kannst auch Bilder aus Zeitschriften ausschneiden und aufkleben.
   b) Wähle ein Milchprodukt aus. Versuche herauszufinden, wie dieses Produkt hergestellt wird. Beschreibe den Herstellungsvorgang in wenigen Sätzen.

Molkerei

Verarbeitung der Milch zu …

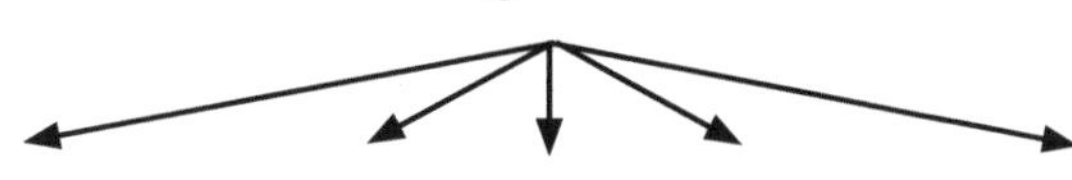

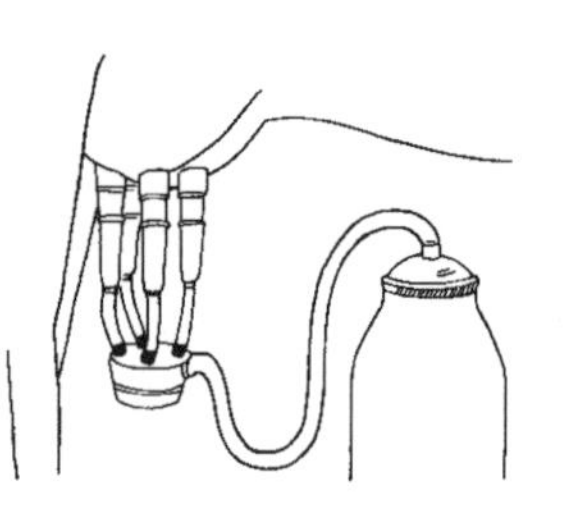

Der Maulwurf

Basisinformationen

Der Maulwurf ist ein unterirdisch lebender Insektenfresser. Neben Insekten und deren Larven frisst er vorwiegend Regenwürmer, Spinnen, Asseln, Tausendfüßer, Schnecken usw. Im Gegensatz zum Igel ist der Maulwurf ganzjährig aktiv – er hält also keinen Winterschlaf. Er lebt bevorzugt in lockeren, fruchtbaren Böden von Gärten, Wiesen, Weiden, Äckern und Laubwäldern. (Der Name „Maulwurf" hat übrigens nichts mit „Maul" zu tun, sondern mit „Mull" = lockere Erde.)

Der Maulwurf ist ein Einzelgänger. Er baut sich ein stark verzweigtes unterirdisches Gangsystem (bis 200 m lang!) mit Rundgang, Jagd-, Lauf- und Aushubgängen, Vorratskammer und einem kesselförmigen Nest (Wohnkessel). Darin ist er vor seinen Feinden (Fuchs, Mäusebussard, Katze, Hund, Krähe, Uhu u. a.) gut geschützt. Oberirdisch sind lediglich die Maulwurfshügel zu sehen, die als Erdauswürfe beim Graben des Gangsystems entstehen.

In seinem Körperbau weist der Maulwurf eine Reihe von Anpassungen an seine Ernährungsweise und an sein Leben unter der Erde auf:

- ca. 20 cm langer, walzenförmiger Körper, praktisch ohne erkennbaren Hals
- dunkles Fell ohne Strich, d. h. die Haare können sich nach allen Seiten umlegen; dadurch kann der Maulwurf in seinen Erdgängen gleich gut vorwärts und rückwärts laufen
- stecknadelgroße, im Fell versteckte Augen (wenig leistungsfähig)
- Ohren klein, äußerlich kaum zu sehen und Gehörgang verschließbar
- rosarote Nase ist sehr empfindlich, rüsselartig verlängert und beweglich
- Schnauze mit langen Tasthaaren
- kurzer Schwanz mit Tasthaaren
- Vorderbeine zu Grabschaufeln umgebildet; Sichelbein als zusätzlicher Knochen verbreitert die Hand
- kurze, sehr starke Arm- und Beinknochen sowie kräftige Muskeln an Armen und Beinen
- Zehen mit starken, spitzen Krallen
- Gebiss mit vielen kleinen, spitzen Zähnen (Insektenfressergebiss)

Didaktische Hinweise

Aufgrund seiner Lebensweise unter der Erde sieht man den Maulwurf sehr selten. Darum ist er den Lernenden wohl nur in Ausnahmefällen real bekannt, jedoch kennt fast jedes Kind (zumindest auf dem Land) die Maulwurfshügel auf Wiesen und Feldern, in Parks und Gärten.

Unterrichtsverlauf

Zeitrahmen: Doppelstunde, 90 Minuten (oder zwei Einzelstunden)

Medien/Material: Buchstabenkarten (s. Vorlage S. 48), auf Folie gezogen und entlang der Trennlinien ausgeschnitten, zur Präsentation per Overheadprojektor oder zum Anpinnen an die Tafel; Bücher zum Thema bzw. Internet (evtl. auch Unterrichtsfilm zum Thema „Maulwurf"); wenn verfügbar Stopfpräparat eines Maulwurfs; Aufgabenkarten für Partnerarbeit (s. S. 49); informeller Wissenstest (s. S. 50/51); Test mit eingetragenen Lösungen zur eigenständigen Kontrolle (evtl. auf Folie gezogen)

Schwerpunkte der Unterrichtsstunde: Zwei Aspekte werden am Beispiel des Maulwurfs in dieser Unterrichtssequenz schwerpunktmäßig behandelt: zum einen die unterirdische Lebensweise dieses Säugetiers, zum anderen seine Ernährungsweise. In Bezug auf die Lebensweise unter der Erde sind das Gangsystem und die Anpassungen (Körperbau, Fell, Sinne, Extremitäten) von besonderer Bedeutung, bezüglich der Ernährung wird vor allem das Insektenfressergebiss thematisiert.

1. **Einstieg/Problemstellung:** Die Buchstabenkarten werden ungeordnet an der Tafel befestigt. Die Lernenden werden – möglichst nonverbal mittels Zeichen (z. B. fragender Gesichtsausdruck der Lehrperson, Handbewegung etc.) aufgefordert, das Schüttelwort durch Umhängen der Buchstaben zu entschlüsseln. Damit alle Schüler mitdenken, sollte ihnen etwas Zeit gelassen und nicht gleich der Erste, der sich meldet, an die Tafel gebeten werden. Alternativ kann die Lösung auch mittels Buchstaben auf Folienstücken durch Umlegen der Buchstaben auf dem Overheadprojektor gefunden werden. Nachdem die Lernenden das Schüttelwort entschlüsselt und das Stundenthema „Der Maulwurf" gefunden haben, wird es gut sichtbar als Überschrift an der Tafel fixiert. Ist ein Stopfpräparat vom Maulwurf in der Biologiesammlung vorhanden, so sollte dies jetzt den Lernenden präsentiert werden.
   Die Lernenden werden nun aufgefordert, ihr Vorwissen zum Thema Maulwurf zu verbalisieren. Anschließend wird die Frage aufgeworfen: Wie schafft es der Maulwurf, unter der Erde zu leben?

2. **Problemlösung:** Zunächst äußern die Lernenden ihre Vermutungen zu Körperbau und Lebensweise. Diese werden von der Lehrperson aufgegriffen und wertgeschätzt, aber nicht im Sinne von „richtig" oder „falsch" bewertet, und an der Tafel als solche (eben: Vermutungen) festgehalten.
   Im Anschluss daran werden Schülerpaare gebildet. Jedes Schülerpaar erhält eine der folgenden Aufgaben (s. Aufgabenkarten), die unter Zuhilfenahme des Biologiebuchs, anderer Bücher oder des Internets zu bearbeiten sind (Zeitvorgabe: ca. 10–20 min). Falls ein geeigneter Unterrichtsfilm vorhanden ist, kann auch dieser genutzt werden.
   - Aufgabe 1 „Körperform und Fell": Wie ist der Maulwurf mit seiner Körperform und seinem Fell an das unterirdische Leben angepasst?
   - Aufgabe 2 „Vorder- und Hinterbeine": Wie ist der Maulwurf mit der Form seiner Gliedmaßen an das unterirdische Leben angepasst?
   - Aufgabe 3 „Ernährung und Gebiss": Wovon ernährt sich der Maulwurf? Wie ist sein Gebiss gestaltet?
   - Aufgabe 4 „Sinnesorgane": Welche Sinnesorgane sind beim Maulwurf gut entwickelt, welche weniger gut? Welche Vorteile hat das für den Maulwurf?
   - Aufgabe 5 „Gangsystem": Wie ist das Gangsystem des Maulwurfs aufgebaut? Wie entstehen die Maulwurfshügel?

   Im Anschluss an die Partnerarbeit werden Fünfergruppen gebildet. Jede der vorangehenden Aufgaben sollte von einem Schüler der Gruppe bearbeitet worden sein. Die Ergebnisse aus der Partnerarbeit werden innerhalb der Gruppe ausgetauscht (Zeitvorgabe: ca. 15 min). Dieses methodische Vorgehen verpflichtet die Lernenden zur gegenseitigen Unterstützung, fördert die Selbstverantwortung für den Lehr-Lern-Prozess und gibt den Schülern Zeit und Gelegenheit, nicht nur Informationen zu sammeln und aufzubereiten, sondern auch strukturiert weiterzugeben und lernanregend zu präsentieren.

3. **Ergebnissicherung:** Die Gruppen bleiben als solche zusammen. Jede Gruppe erhält den gleichen, informellen Wissenstest vorgelegt, den sie gemeinsam zu bearbeiten hat (Zeitvorgabe: 15 min). Die Aufschriebe aus der Partner- sowie der Gruppenarbeit dürfen als Hilfsmittel herangezogen werden, nicht jedoch Bücher oder das Internet. Anschließend werden die Tests unter den Gruppen ausgetauscht und anhand einer projizierten Musterlösung kontrolliert. Die erreichten Punktzahlen der Gruppen werden an der Tafel festgehalten und ggf. im Unterrichtsgespräch folgende Fragen thematisiert:
   - Wie erfolgreich waren die einzelnen Gruppen?
   - Was hat in den Paaren/den Gruppen gut geklappt, was weniger gut?
   - Welche Schlüsse sind im Hinblick auf künftige Lernphasen dieser Form aus den Ergebnissen zu ziehen?
   - Was haben die einzelnen Schüler über sich gelernt? (z. B.: Ich kann gut erklären, aber schwer anderen zuhören.)
   - Was nehme ich mir als Schüler kurz-, mittel- und langfristig vor?

   Letztere und ggf. weitere Fragestellungen können auch in Einzelgesprächen zwischen den Schülern und der Lehrperson geklärt werden, um die Kompetenzen der Lernenden gezielt zu fördern. Ein ggf. eingeführtes Schüler-Lern-Leistungs-Portfolio[3] kann hierzu mit herangezogen werden.

3 vgl. Brunner, I., T. Häcker, F. Winter (Hrsg.): Das Handbuch Portfolioarbeit. 2. Aufl., Seelze-Velber 2008

4. Vertiefung/Weiterführung: Zur Vertiefung des Gelernten kann den Lernenden die Hausaufgabe gestellt werden, einerseits einen schönen, aussagekräftigen Steckbrief des Maulwurfs zu erstellen und/oder zwei gute, in der Schwierigkeit gestufte „Testfragen zum Maulwurf“ (mit Lösung/Erwartungshorizont) zu formulieren. Beides sollte in der Folgestunde aufgegriffen werden.

Lösungen zu den Aufgaben:

- Test zum Thema „Der Maulwurf“

1. walzen(förmigen); grau (auch: bräunlich/schwarz); Haare; vorwärts; rückwärts

2. Vorderbein; nur an den Vorderbeinen gibt es als zusätzlichen Knochen das sogenannte Sichelbein. Die „Hand“ ist dadurch zu einer Grabschaufel verbreitert.

3. a) (verschiedene Lösungsmöglichkeiten) Regenwürmer, Insekten und ihre Larven, Schnecken, Spinnen, Tausendfüßer; Insektenfresser(gebiss);

b) das mittlere Bild zeigt den Maulwurfschädel (links: Katze; rechts: Rind);

4. fein ausgeprägter Geruchssinn zum Aufspüren von Beutetieren; empfindliches Tastsinnesorgan in der rüsselartig verlängerten Nase; lange Tasthaare im Gesicht; kurzer Schwanz mit Tasthaaren; Ohren verschließbar

5. (1) Maulwurfshügel; (2) Rundgang; (3) Jagdgang; (4) Vorratskessel; (5) Wohnkessel; (6) Tränke; (7) Laufgang; (8) Aushubgang

F	U
R	A
U	M
W	L

1	**Körperform und Fell** Wie ist der Maulwurf mit seiner Körperform und seinem Fell an das unterirdische Leben angepasst?
2	**Vorder- und Hinterbeine** Wie ist der Maulwurf mit der Form seiner Gliedmaßen an das unterirdische Leben angepasst?
3	**Ernährung und Gebiss** Wovon ernährt sich der Maulwurf? Wie ist sein Gebiss gestaltet?
4	**Sinnesorgane** Welche Sinnesorgane sind beim Maulwurf gut entwickelt, welche weniger gut? Welche Vorteile hat das für den Maulwurf?
5	**Gangsystem** Wie ist das Gangsystem des Maulwurfs aufgebaut? Wie entstehen die Maulwurfshügel?

Test zum Thema „Der Maulwurf“

Datum: ______________________ **max. Punktzahl:** **28**

Klasse/Lerngruppe: ______________________ **erreichte Punktzahl:**

Name/n: ______________________ (Zeit: 15 Minuten)

1. Vervollständige den Lückentext. **(5 P)**

Der Maulwurf hat einen ______________förmigen Körper und einen kaum erkennbaren Hals. Sein Fell ist meist ______________ gefärbt. Im Vergleich zum Fell beispielsweise der Katze oder des Hundes weist es eine Besonderheit auf: Es hat keinen Strich. Das bedeutet, dass sich die ______________ nach allen Seiten umlegen können. Dadurch kann sich der Maulwurf in seinen Erdgängen gleich gut ______________ und ______________ fortbewegen.

2. Besonders auffällig beim Maulwurf sind dessen Gliedmaßen. Betrachte die Abbildung: Ist das ein Vorderbein oder Hinterbein? Wie ist das zu entscheiden? **(5 P)**

____

____

____

____

3. a) Vervollständige den Lückentext. **(4 P)**

Die Hauptnahrung des Maulwurfs sind zum Beispiel ______________, ______________ und ______________. Das Gebiss des Maulwurfs ist an diese Nahrung gut angepasst. Man sagt, der Maulwurf hat ein ______________gebiss.

b) Entscheide, welcher Schädel zum Maulwurf gehört. Kreuze an. **(1 P)**

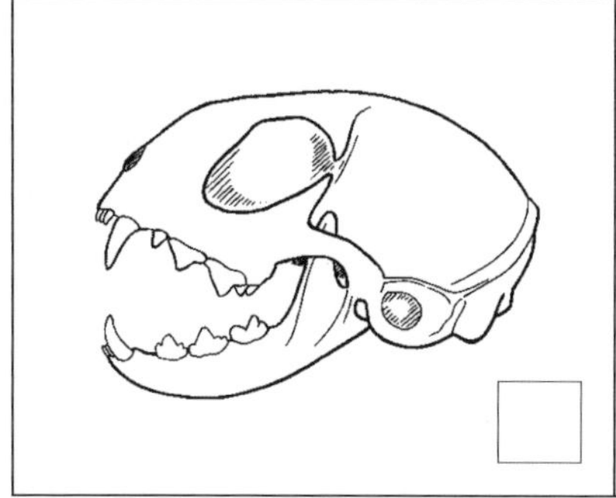

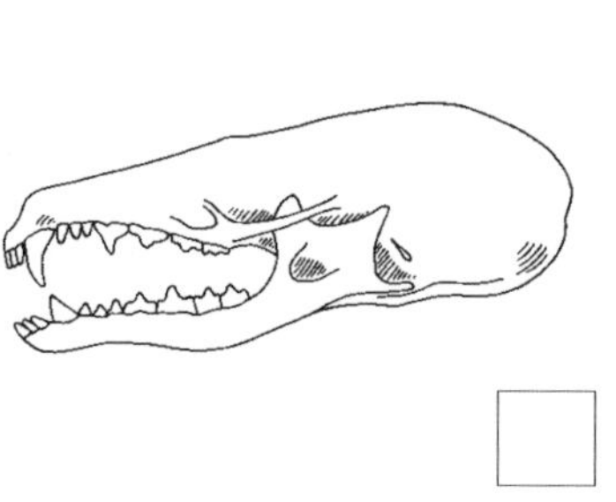

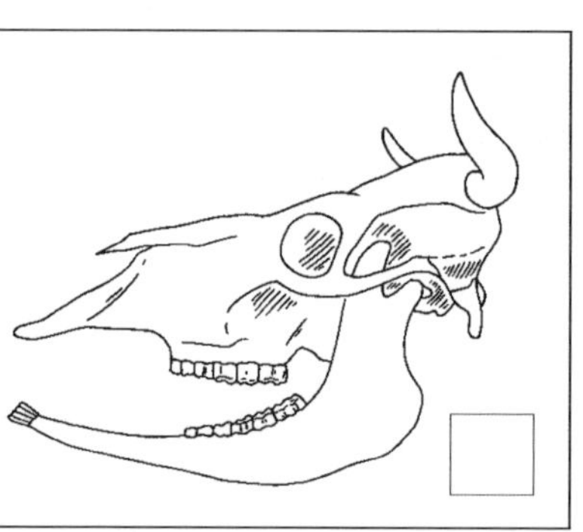

4. Kreuze die Aussagen an, die auf den Maulwurf zutreffen. **(5 P)**

	Trifft auf den Maulwurf zu
fein ausgeprägter Geruchssinn zum Aufspüren von Beutetieren	
bewegliche, sehr empfindliche Ohren mit großen Ohrmuscheln	
empfindliches Tastsinnesorgan in der rüsselartig verlängerten Nase	
feine, lange Tasthaare im Mund	
keine Augen	
lange Tasthaare im Gesicht	
kurzer Schwanz mit Tasthaaren	
sehr scharfe Augen, die an das Sehen im Dunkeln angepasst sind	
kurze, stumpfe Nase	
Ohren verschließbar	

5. Das Gangsystem des Maulwurfs ist weit verzweigt. Ordne die folgenden Begriffe den passenden Zahlen zu: Vorratskessel, Tränke, Wohnkessel, Rundgang, Maulwurfshügel, Jagdgang, Aushubgang, Laufgang **(8 P)**

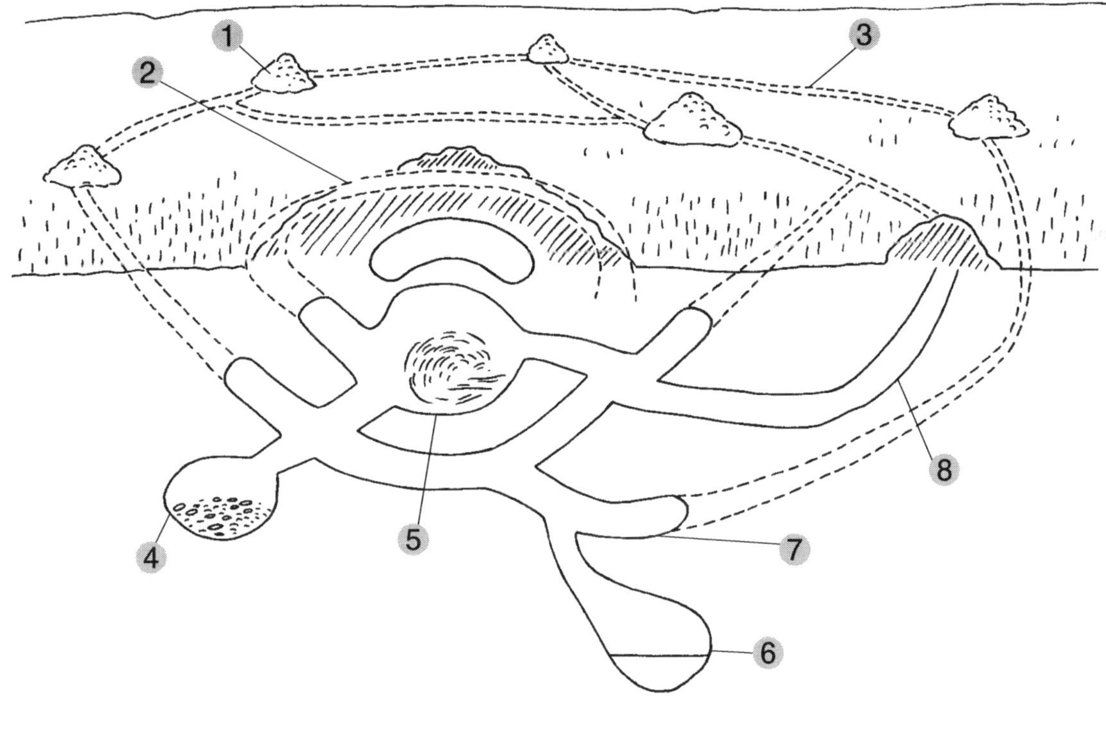

1 ______________________ 5 ______________________

2 ______________________ 6 ______________________

3 ______________________ 7 ______________________

4 ______________________ 8 ______________________

Der Igel

Basisinformationen

Igel schlafen in der Regel tagsüber und sind deshalb bei Tag nur sehr selten zu sehen. In der Dämmerung verlässt der Igel auf der Suche nach Nahrung sein Nest, das vorwiegend aus trockenem Laub besteht. In der Dunkelheit findet er sich dank seines guten Geruchssinns, feinen Gehörs und seiner langen Tasthaare gut zurecht und jagt nach Beute; dies sind vorwiegend Insekten, Schnecken, Tausendfüßer, Asseln, junge Mäuse, kleine Echsen und Schlangen. Igel zählen zu den Insektenfressern und verfügen über ein typisches Insektenfressergebiss. Wenn Gefahr droht, rollt sich der Igel ein, sodass sein wehrloser Kopf und die mit langen Krallen versehenen Zehen in der Stachelkugel verschwinden. Auf diese Weise schützt sich der Igel gegen Fuchs und Marder, seine natürlichen Hauptfeinde. Auch beim Nahen eines Autos rollen sich Igel zusammen – was dann natürlich keinen Schutz darstellt. Nicht selten suchen Igel in der Dämmerung und nachts auch auf Straßen nach Nahrung.

Igel halten einen Winterschlaf – eingerollt in ihrem Nest. Im Spätsommer und Herbst fressen sie sich eine kräftige Speckschicht an, von der sie im Winter zehren. Wiegt ein Igel im Herbst weniger als 700 Gramm, so besteht die Gefahr, dass er im Winter verhungert.

Wenn die Außentemperatur im September/Oktober auf unter 15 °C sinkt, verlassen Igel ihr Nest meist nicht mehr. Ihre Körpertemperatur sinkt von 35 °C allmählich bis auf etwa 6 °C, die Atmung verlangsamt sich von etwa 45 Atemzügen pro Minute auf etwa 5 Atemzüge pro Minute und auch das Herz schlägt langsamer (im Sommer ca. 180 Herzschläge/Minute, im Winterschlaf ca. 20 Herzschläge/Minute). Dies ist von der Natur ganz sinnvoll eingerichtet, denn im Winter würden die Tiere kaum Nahrung finden. Wenn die Temperatur im Nest unter 0 °C sinkt, erwachen sie und suchen sich einen wärmeren Platz; deshalb kann man in Ausnahmefällen Igel auch im Winter sehen. Im Frühjahr erwachen Igel sichtlich abgemagert aus dem Winterschlaf, wenn die Nesttemperatur mehrere Tage hintereinander auf über 15 °C ansteigt. Weitere heimische Winterschläfer sind zum Beispiel Murmeltier, Haselmaus, Fledermaus oder Siebenschläfer.

Im Frühjahr wirft das Igelweibchen bis zu sechs nackte Junge, deren Augen sich erst nach drei Wochen öffnen. Die Stacheln der Jungigel sind bei der Geburt unter einer Haut verborgen, sodass das Muttertier beim Geburtsvorgang nicht verletzt wird. Die Jungen sind Nesthocker und werden etwa sechs Wochen lang gesäugt. Sucht die Mutter Nahrung, folgen ihr die jungen Igel schon nach vier Wochen im „Gänsemarsch".

Didaktische Hinweise

Igel sind für die meisten Lernenden der Klassenstufen 5 und 6 überaus faszinierende Tiere, laufen sie doch sehr drollig umher und teilen sich gerne mit Katzen und Hunden das Futter, wenn die Tiere außerhalb des Hauses gefüttert werden. Die meisten Schüler haben schon einmal einen Igel gesehen – leider nicht selten tot, weil er von einem Auto überfahren wurde.

Exemplarisch können am Igel Themen wie Winterschlaf, Insektenfressergebiss, Schutzreaktionen, Nahrungssuche etc. besprochen werden. Im Hinblick auf die Zukunftsbedeutung (vgl. Wolfgang KLAFKIs Neufassung der Didaktischen Analyse 1980) kann am Beispiel Igel gut verdeutlicht werden, dass Igel im Haushalt der Natur eine wichtige Rolle spielen und Selektionsmechanismen dazu führen, dass nur gut angepasste Igel eine Chance haben, über den Winter zu kommen.

Unterrichtsverlauf

Zeitrahmen: Einzelstunde, 45 Minuten

Medien/Material: Quizfragen „Wer bin ich?" (s. Vorlage S. 55), auf Folie gezogen zur Präsentation per Overheadprojektor; wenn verfügbar Stopfpräparat eines Igels (alternativ eine Abbildung des Igels); Bücher (Tierbücher, Lexika, Biologiebücher) und Internet; Arbeitsblatt „Der Igel" (s. S. 56)

Schwerpunkte der Unterrichtsstunde: Die Schüler lernen den Igel als Beispiel für ein einheimisches, insektenfressendes Säugetier kennen, das einen Winterschlaf hält. Sie charakterisieren das Tier im Hinblick auf folgende Themenbereiche: Körperbau/Besonderheiten, Säugetiermerkmale, Fortpflanzung, Feinde/Schutz, Überwinterung, Nahrung.

1. **Einstieg:** Die Stunde beginnt mit einem kleinen Quiz. Die Schüler erraten das Thema mithilfe von immer stärker eingrenzenden Aussagen, die auf Folie präsentiert werden. Dabei wird zum einen das Vorwissen aktiviert und zum anderen die Kombinationsfreude bei den Lernenden geweckt. Die Aussagen 1–10 werden von oben nach unten sukzessive vorgelesen bzw. auf der Folie aufgedeckt. Haben die Lernenden eine Vermutung, welches Tier verschlüsselt sein könnte, äußern und begründen sie diese. Als Bestätigung der Schülervermutungen (bzw. wenn nach den 10 Aussagen die Lösung noch nicht gefunden wurde), können die Buchstaben E I L G (jeweils auf einer Karteikarte) an die Tafel geheftet werden. In die richtige Reihenfolge gebracht ergeben sie das Lösungswort IGEL und damit auch die Überschrift bzw. Stundenthematik.

2. **Problemstellung:** Nun wird den Lernenden das Stopfpräparat eines Igels (bzw. eine Abbildung) präsentiert mit dem Hinweis, in Einzel-, Partner- oder Kleingruppenarbeit (Zeitvorgabe: ca. 5 min) Fragen an/über den Igel zu formulieren. Diese werden anschließend an der Tafel in Form eines Clusters – je nach Intention der Lehrperson als Fragen bzw. Themenbereiche – festgehalten (s. Beispiel unten).

3. **Problemlösung:** Im Klassengespräch wird vorhandenes Vorwissen der Lernenden gesammelt, besprochen und vorsichtig infrage gestellt, sodass die Arbeit der Lernenden in der anschließenden Unterrichtsphase auch sachlich motiviert ist. Die einzelnen Themenfelder (z. B. Feinde des Igels, Nahrung, Fortpflanzung, Überwinterung, Besonderheiten) können unter Zuhilfenahme des Biologiebuchs und anderer Bücher oder per Internetrecherche in Partnerarbeit, Kleingruppenarbeit bzw. mittels Jigsaw-Methode (Zeitvorgabe: je nach Informationsmedium, Leistungsstärke der Klasse etc. 10–20 min) bearbeitet werden.

Tafelbild **(Beispiel)**

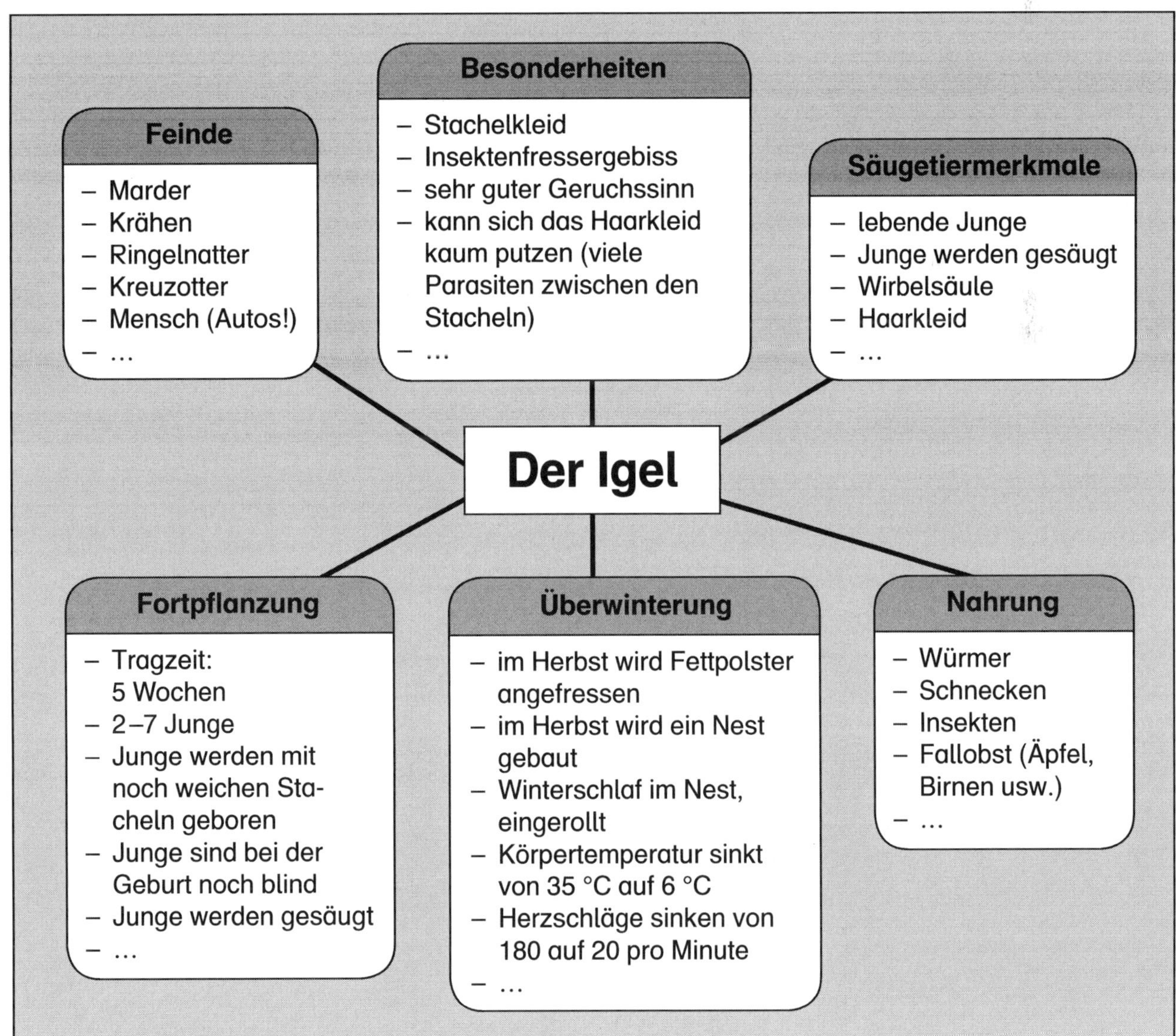

4. **Ergebnissicherung:** Die einzelnen Gruppen stellen anschließend in der Klasse ihre Ergebnisse vor bzw. bringen die gewonnenen Erkenntnisse ein. Im Tafelbild können die Ergebnisse den einzelnen Themenfeldern zugeordnet – möglichst von den Lernenden selbst – festgehalten und anschließend von der Klasse ins Biologieheft übernommen werden.

5. **Vertiefung/Weiterführung:** Das Arbeitsblatt „Der Igel“ kann als Hausaufgabe zur Wiederholung des Gelernten dienen. Es kann aber auch im Rahmen weiterführender Themen wie „Der Igel hat ein Insektenfressergebiss“ oder „Winterschläfer“ (Vergleich mit anderen Winterschläfern wie Murmeltier, Europäischer Hamster, Fledermäuse, Haselmaus, Siebenschläfer, Gartenschläfer, Baumschläfer etc.) und „Weckmechanismus als Schutz vor dem Erfrieren“ in einer weiteren Unterrichtsstunde bearbeitet werden.

Lösungen zu den Aufgaben:

- Arbeitsblatt „Der Igel“

1. Lösungswort: Winterschlaf
2. **a)** 35 °C;
   b) 15 °C;
   c) -2 °C;
   d) Beim Erwachen brauchen Igel sehr viel Energie; wenn Igel nicht genügend Speckreserven am Körper haben, können sie während des Winters verhungern. Schwache, nicht gut ernährte Igel, die während des Winterschlafs mehrfach geweckt wurden, suchen oftmals im Winter nach Nahrung – meist vergeblich, sodass sie verhungern oder erfrieren.

Wer bin ich?

1 Ich bin ein Einzelgänger. Sicher kennen mich alle in der Klasse – viele von euch haben mich bereits gesehen.

2 Ich bin vor allem in der Dämmerung und nachts unterwegs.

3 Meine Lieblingsspeisen: Würmer, Käfer und Schnecken, aber auch Erdbeeren und reifes Fallobst mag ich ganz gerne.

4 Ich bin ein Säugetier.

5 Ich fresse manchmal auch aus dem Napf einer Katze, wenn diese gerade nicht da ist.

6 Im Herbst wiege ich um die 1000 Gramm oder mehr, im Frühjahr manchmal nur die Hälfte.

7 Den Winter verbringe ich in einem trockenen Versteck.

8 Im Winter finde ich keine Nahrung. Dann zehre ich von meinen Fettreserven, die ich mir im Sommer und Herbst angefressen habe.

9 Ich bin ein Winterschläfer und erwache meist erst im Frühjahr.

10 Bei Gefahr rolle ich mich schnell ein. Meine etwa 15 000 Stacheln schützen mich vor mancher Gefahr.

Der Igel

1. Lies die Aussagen zum Igel genau durch. Was ist richtig, was ist falsch? Kreise den entsprechenden Buchstaben ein. Die eingekreisten Buchstaben ergeben von oben nach unten gelesen das Lösungswort.

Lösungswort: _ _ _ _ _ _ _ _ _ _ _ _

	RICHTIG	FALSCH
Der Igel frisst sich von Frühjahr bis Herbst eine dicke Fettschicht an, von der er im Winter zehrt.	W	O
Igel ernähren sich insbesondere von Insekten, Schnecken, Mäusen, Fröschen und Obst.	I	S
Seine Beutetiere spürt der Igel mithilfe seiner guten Augen auf.	A	N
Igel stehen unter Naturschutz.	T	P
Bei Gefahr ergreift der Igel die Flucht und versteckt sich.	Z	E
Das Igelweibchen bringt dreimal im Jahr jeweils ein Junges zur Welt.	O	R
Igel werden bis zu 25 cm lang.	S	D
Gelbliche, an den Spitzen braun-schwarze Stacheln schützen den Igel am Rücken und an den Seiten.	C	F
Igel sind tagaktiv, d. h. sie suchen tagsüber nach Nahrung; nachts verkriechen sie sich unter Laub oder Reisig.	G	H
Der Igel rollt sich bei Gefahr zu einer Kugel zusammen, wobei die Stacheln aufgerichtet werden.	L	I
Die jungen Igel werden 6–8 Wochen gesäugt.	A	L
Die jungen Igel haben bei der Geburt ein flauschiges Fell.	U	F

2. Umgebungstemperatur und Körpertemperatur beim Igel

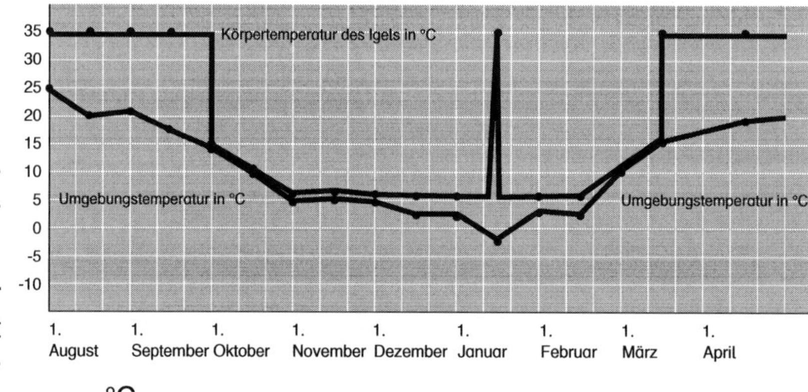

Lies aus dem Diagramm ab:

a) Wie viel °C beträgt die Körpertemperatur des Igels im Sommer? ________ °C

b) Welche Umgebungstemperatur muss im Herbst/Winter erreicht werden, damit die Körpertemperatur des Igels deutlich abfällt? ________ °C

c) Bei welcher Umgebungstemperatur erwachen die Igel aus ihrem Winterschlaf und erhöhen ihre Körpertemperatur, damit sie nicht erfrieren? ________ °C

d) Weshalb kann mehrfaches Erwachen während des Winterschlafs beim Igel lebensbedrohlich werden?

____

____

Der Blauwal und andere Wale

Basisinformationen

Der Blauwal ist mit einer Länge von bis zu 33 Metern und einem Gewicht von bis zu 130 Tonnen (Masse von ca. 25 Elefanten!) das größte – und schwerste – Säugetier auf unserem Planeten. Blauwale ernähren sich fast ausschließlich von Krill (Kleinkrebsen); sie wandern im Winter aus den Polargebieten in wärmere Gewässer, wo die Jungen geboren werden. Die Jungtiere werden etwa ein Jahr gesäugt.

Die Vorfahren der Wale waren vor vielen Jahrmillionen landlebende Säugetiere, worauf die Reste von Brust- und Beckengürtel hinweisen. Mit ihrem stromlinienförmigen Körper können sich Wale hervorragend im Wasser – wo sie ihr gesamtes Leben verbringen – fortbewegen. Bis auf wenige Schnauzenhaare ist bei Walen das für Säugetiere typische Haarkleid zurückgebildet.
Wale atmen, wie andere Säugetiere auch, Luft in die Lungen. Außerdem haben sie eine gleichbleibende Körpertemperatur (Warmblüter). Die Jungen wachsen in einer Gebärmutter heran und werden lebend geboren.

Die 78 Walarten teilt man in zwei Gruppen ein: Bartenwale (z. B. Blauwal, Buckelwal) und Zahnwale (z. B. Schwertwal, Pottwal, Delfine). Erstere tragen am Oberkiefer lange Borsten (Barten), mit deren Hilfe sie riesige Mengen kleiner Krebse (Krill) aus dem Wasser filtern.

Didaktische Hinweise

Wale sind nicht nur für Erwachsene, sondern auch für Schüler der 5./6. Klasse faszinierende Tiere – auch wenn die wenigsten von ihnen jemals einen lebenden Wal gesehen haben. Die Faszination beruht einerseits darauf, dass Wale weit größere Säuger als wir Menschen sind (dies trifft insbesondere auch auf die vom Aussterben bedrohten Blauwale zu), andererseits führen sie ein doch recht verborgenes Leben im Meer, das dem Menschen bis heute viele Rätsel aufgibt – auch was die Verständigung untereinander und das Sozialverhalten betrifft.

Unterrichtsverlauf

Zeitrahmen: Einzelstunde, 45 Minuten

Medien/Material: Bildvorlage „Blauwal und Mensch“ auf Folie gezogen zur Präsentation per Overheadprojektor (s. Bildvorlage S. 59); Arbeitsblätter (s. S.60/61); Bücher (Tierbücher, Lexika, Biologiebücher) und Internet

Schwerpunkte der Unterrichtsstunde: Im Mittelpunkt steht der Blauwal als das größte Säugetier. Weiterhin werden andere Walarten vergleichend hinzugezogen sowie die Säugetiermerkmale der Wale herausgestellt.

1. **Einstieg/Problemstellung:** Die Abbildung eines Blauwals wird per Overheadprojektor präsentiert. Die Schüler sollen vermuten, welcher der abgebildeten Menschen im Größenvergleich passt, evtl. wird ein Meinungsbild in Form einer Strichliste festgehalten. Die Lösung wird bekanntgegeben (die im Vergleich zum Blauwal richtige Größe hat der erste Mensch von links). Dieser Einstieg macht den Lernenden die Größe eines Blauwals bewusst und kann zum echten Staunen führen!
   Im Unterrichtsgespräch werden die Lernenden ermutigt, ihr Vorwissen zu aktivieren und zu verbalisieren sowie offene Fragen zum Blauwal zu formulieren; diese werden gesammelt und auf einer OHP-Folie oder an der Tafel fixiert.

2. **Problemlösung:** Die Schüler erhalten anschließend die Aufgabe, in Partner- oder Kleingruppenarbeit einen Steckbrief des Blauwals zu verfassen, der für „Bewohner eines fremden Planeten“, für die Schülerzeitung o. Ä. gedacht sein könnte. Die erforderlichen Informationen können die Lernenden anhand des Biologiebuchs, per Internetrecherche etc. sammeln, aufbereiten, um dann ein attraktives Plakat zu gestalten.

3. **Ergebnissicherung:** Die Arbeitsergebnisse können anschließend anhand eines (vorgegebenen oder in der Klasse entwickelten) Kriterienkatalogs bewertet werden, wobei der Fokus weniger auf der Fehleraufdeckung als vielmehr auf der Optimierung der Arbeitsergebnisse (im Sinne der Kompetenzförderung anstelle einer Fehlerfokussierung) liegen sollte.

4. **Vertiefung/Weiterführung:** Als Hausaufgabe können die Schüler eigenständig Informationen zu verschiedenen Walen recherchieren und gegenüberstellen (s. Arbeitsblatt 1).
Zur Fokussierung der Säugetiermerkmale bei Walen kann das Arbeitsblatt 2 verwendet werden. Als Weiterführung (bzw. als Referatsthemen) bieten sich Themenkreise wie beispielsweise „Sprache der Wale" und „Bedrohung der Wale" an.

Lösungen zu den Aufgaben:
- Arbeitsblatt 1: „Verschiedene Wale im Vergleich"

(1) Schwertwal; Länge: 10 m; Gewicht: 4 t; Nahrung: große Fische, Robben, andere Wale; Besonderheiten: Zahnwal, lebt in „Schulen" von bis zu 10 Tieren; (2) Pottwal; Länge: 20 m; Gewicht: 50 t; Nahrung: Riesen-Tintenfische (taucht bi 1000 m tief); Besonderheiten: Zahnwal; lebt in Gruppen von Weibchen, Jungen und einem Bullen. (3) Buckelwal; Länge: 15 m; Gewicht: 30 t; Nahrung: Krill (Kleinkrebse) und kleine Fische in Küstennähe; Besonderheiten: Bartenwal; Küstenbewohner. (4) Blauwal; Länge: 33 m; Gewicht: 130 t; Nahrung: ausschließlich Krill (Kleinkrebse); Besonderheiten: Bartenwal; wandert im Winter aus den kalten Gewässern der Polargebiete in wärmere Gewässer und bringt hier seine Jungen zur Welt

- Arbeitsblatt 2: „Wissenswertes über Wale"

1. Richtig: 1, 3, 4, 6, 8, 9; falsch: 2, 5, 7, 10
2. Die Jungen kommen lebend zur Welt und sie werden gesäugt; Lungenatmung; gleichbleibende Körpertemperatur

Blauwal und Mensch

Wie groß ist der Mensch im Vergleich zum Blauwal?

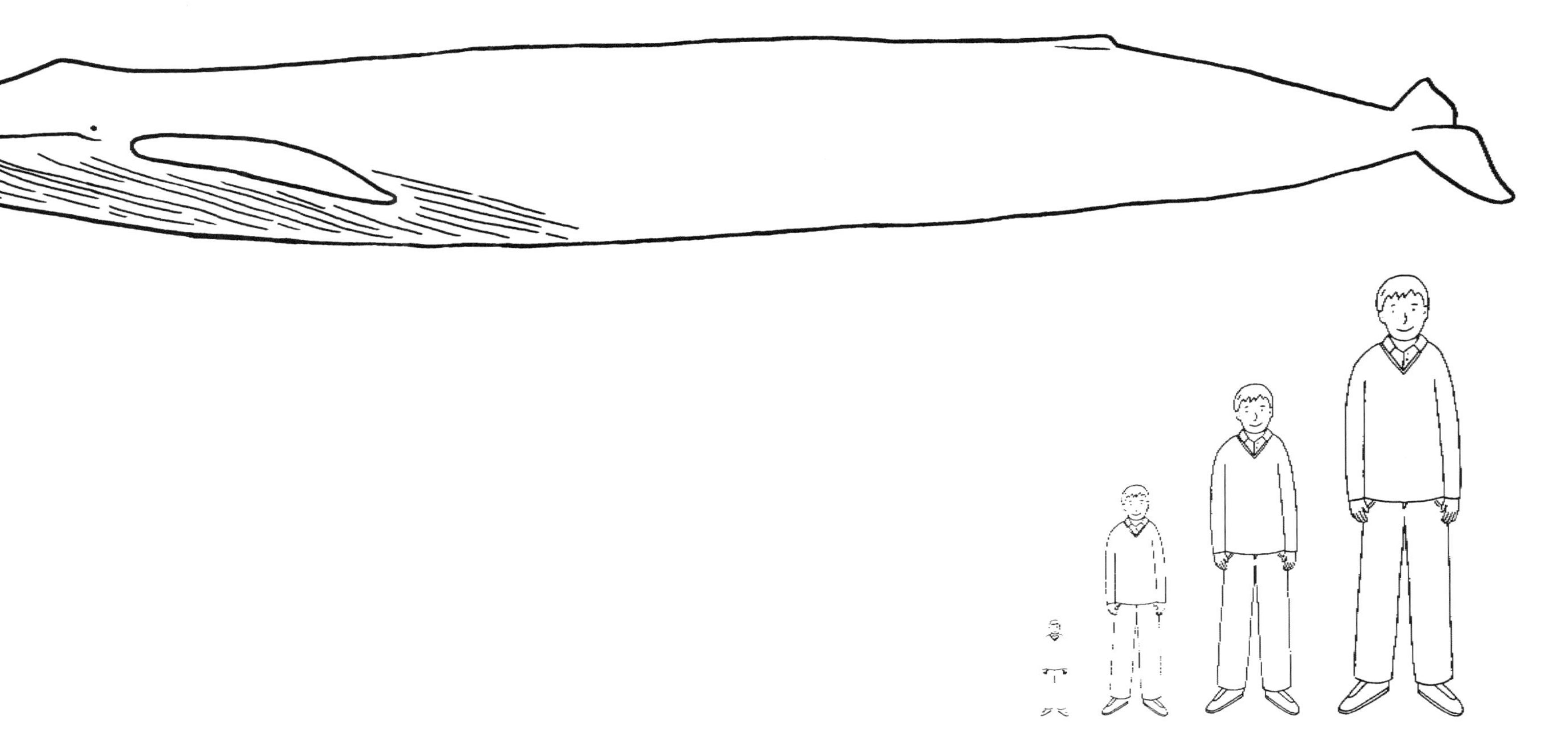

AB 1	Name:	Datum:	Der Blauwal und andere Wale

Verschiedene Wale im Vergleich

Benenne die abgebildeten Wale und charakterisiere sie.

1 	Name: Länge: Gewicht: Nahrung: Besonderheiten:
2	Name: Länge: Gewicht: Nahrung: Besonderheiten:
3	Name: Länge: Gewicht: Nahrung: Besonderheiten:
4	Name: Länge: Gewicht: Nahrung: Besonderheiten:

Notizen

AB 2	Name:	Datum:	Der Blauwal und andere Wale

Wissenswertes über Wale

Aufgaben:

1. Was ist richtig, was ist falsch? Kreuze an.

Nr.	Aussage	RICHTIG	FALSCH
1	Wale haben einen kräftigen, stromlinienförmigen Körper.		
2	Wale atmen mit Kiemen.		
3	Das für Säugetiere typische Haarkleid ist bei den Walen (bis auf wenige Schnauzenhaare) zurückgebildet.		
4	Zur Orientierung haben Wale – wie auch die Fledermäuse – ein Echolotsystem und stoßen Ultraschalllaute aus.		
5	Wale kommunizieren nicht miteinander.		
6	Auch Delfine gehören zu den Walen und sind daher Säugetiere.		
7	Die Schwanzflosse bei Walen ist senkrecht.		
8	Wale atmen mit einer Lunge. Die Atmung erfolgt über das auf der Kopfoberseite liegende Nasenloch (Spritzloch).		
9	Die Vorderflossen der Wale sind umgewandelte Vordergliedmaßen.		
10	Die jungen Wale werden an Land geboren und auch an Land gesäugt.		

2. Säugetiermerkmale der Wale

Obwohl Wale eine ähnliche Körperform wie Fische haben, zählen sie zu den Säugetieren. Nenne drei typische Merkmale der Wale, die zeigen, dass Wale keine Fische, sondern Säugetiere sind.

1 ______________________________

2 ______________________________

3 ______________________________